Power Snacks

Power Snacks

Die besten 60 Rezepte für zwischendurch

JENNA ZOE

Fotografien von Clare Winfield

u

Widmung

Für Mama Jaan, die das Essen stets mit großer Hingabe zubereitet hat.

Erstmals veröffentlicht 2013 von Ryland Peters & Small Limited Incorporation CICO BOOKS, 20–21 Jockey's Field, London WC 1R 4BW
Titel der englischen Originalausgabe:
Super Healthy Snacks & Treats

© 2014 Neuer Umschau Buchverlag, Neustadt an der Weinstraße, für die deutsche Ausgabe

Alle Rechte an der Verbreitung, auch durch Film, Funk, Fernsehen, fotomechanische Wiedergabe, Tonträger aller Art, auszugsweisen Nachdruck oder Einspeicherung und Rückgewinnung in Datenverarbeitungsanlagen aller Art, sind vorbehalten. Die Inhalte dieses Buches sind von Autorin und Verlag sorgfältig erwogen und geprüft, dennoch kann eine Garantie nicht übernommen werden. Eine Haftung von Autorin und Verlag für Personen-, Sach-, und Vermögensschäden ist ausgeschlossen.

Text & Foodstyling: © 2013 Jenna Zoe
Fotos: © 2013 Clare Winfield

Assistenz Foodstyling: Kathy Kordalis, Emily Kydd, Rosie Reynolds
Requisite: Lisa Harrison
Design: © 2013 Ryland Peters & Small
Senior Designer: Lucy Gowans
Art Director: Leslie Harrington
Produktionsleitung: Gordana Simakovic
Lektoratsleitung: Julia Charles
Lektorat: Céline Hughes
Indexer: Sandra Shotter

Übersetzung: Lisa Voges
Satz und Redaktion: Antje Eszerski für bookwise Medienproduktion GmbH, München
Umschlagsfotografie: grossmannschuerle, Maria Grossmann, Hamburg, Monika Schürle, Berlin
Umschlagsgestaltung: Lichten – Kommunikation und Gestaltung, Marc Musenberg, Hamburg

Printed in China
ISBN: 978-3-86528-725-0

www.umschau-buchverlag.de

Autorin und Verlag übernehmen keine Haftung für die im vorliegenden Buch enthaltenen Informationen. Bei Fragen zu Gesundheit und Ernährung befragen Sie immer auch Ihren behandelnden Arzt.

Hinweise
- Leiden Sie an einer Allergie gegen Gluten, Zucker, Milchprodukte, Eier oder Soja, dann prüfen Sie unbedingt vor Gebrauch von Produkten, die in den Rezepten eingesetzt werden, die Inhaltsstoffe auf der Verpackung.
- In einigen Rezepten des Buches werden die Süßungsmittel Stevia und Xylitol verwendet. Stevia, das aus dem südamerikanischen „Süßkraut" *(Stevia rebaudiana)* gewonnen wird, hat einen lakritzartigen Geschmack und wesentlich mehr Süßkraft als herkömmlicher Zucker (Saccharose). Xylitol, auch Xylit oder Birkenzucker genannt, ist ein natürlich vorkommender Zuckeralkohol, der geschmacklich nah an die Süsskraft von Saccharose herankommt, den Blutzuckerspiegel jedoch kaum beeinflusst und zudem weniger Kalorien als Haushaltszucker hat. Lesen Sie dazu auch Seite 14 und 16 ff.
- Hafer ist grundsätzlich für eine glutenfreie Ernährung geeignet. Da das Getreide jedoch meist in denselben Anlagen verarbeitet wird wie glutenhaltige Getreidearten, weisen viele Haferprodukte Kreuzkontaminationen auf und sind deshalb ungeeignet für alle, die an Zöliakie leiden.
- Falls nicht anders angegeben, sind alle Löffelmaße gestrichene Maße.
- Den Backofen stets auf die angegebene Temperatur vorheizen. Die Rezepte in diesem Buch wurden in einem Ofen mit Ober- und Unterhitze getestet. Bei der Nutzung von Umlufthitze folgen Sie bitte den Angaben des Herstellers zur Temperatureinstellung.
- Wird in einem Rezept die geriebene Schale von Zitrusfrüchten verlangt, verwenden Sie ungewachste, sorgfältig abgewaschene Biofrüchte. Bekommen Sie keine unbehandelten Früchte im Handel, waschen Sie die behandelten Früchte vor Gebrauch mit warmem Seifenwasser ab und bürsten und spülen sie dann gründlich ab.
- Hier einige hilfreiche Webadressen, über die Sie ungewöhnlichere Zutaten beziehen können:
www.organicfoodbar.com
www.reformhaus-shop.de
www.vegan-total.de
www.vegan-wonderland.de
www.veganversand.at
www.querfood.de
www.xucker.de

Power-snacks...

Einleitung
6

... zum Frühstück
18

... für unterwegs & zwischendurch
34

... für Partys
54

... zum Dippen & Stippen
78

... zum Naschen
98

... zu Kaffee & Tee
116

Register
142

Tun Sie Ihrem Körper etwas Gutes!

Was Essen und Ernährung angeht, so leben wir in einer eigenartigen Zeit: Nie war das Angebot an Waren größer – und nie zuvor hatten wir mehr Informationen über Nährstoffe und ihre Wirkung. Über unsere Ernährung Bescheid zu wissen ist unbestritten positiv. Zu viel Wissen jedoch kann zu Unsicherheit oder sogar zu einer Art Entscheidungslähmung führen. Nie zuvor herrschte mehr Verwirrung darüber, was und wie wir essen sollen, und es besitzt schon eine gewisse Ironie, dass viele Menschen heutzutage an eine so essenzielle und selbstverständliche Sache wie Ernährung derart verkrampft herangehen.

Tatsache ist, dass es unzählige Möglichkeiten und Konzepte gibt, sich gesund zu ernähren. Viele Menschen suchen jahrzehntelang nach dem einen selig machenden Modell, das sämtliche Probleme lösen hilft. Ich gehörte auch dazu. Ich hatte eine Zeit lang schon fast alles ausprobiert: Ich ließ Kohlenhydrate weg, ernährte mich makrobiotisch, zuckerfrei oder wie ein Steinzeitmensch, probierte es mit fünf kleinen Mahlzeiten täglich und was weiß ich noch… Zwar mag ich mich damals gesund gefühlt haben, doch wusste ich auch mit jeder Faser meines Körpers, dass ich mich NOCH WOHLER FÜHLEN könnte. Mein Ziel war es daher, zufriedener, vitaler und leistungsfähiger durch eine Ernährung zu werden, die einfach, unkompliziert und genussreich sein sollte – und das ganz ohne Kontrollzwang und ohne Angst zu scheitern.

Schließlich schlug ich meinen eigenen Weg ein. Es musste auch für mich eine optimale Ernährung geben. Doch lag es wohl an mir, sie für mich selbst zu entwickeln. Also ergriff ich die Initiative. Sicher war ich mir, dass meine zukünftige Ernährung folgende Kriterien erfüllen sollte:
• Die Zutaten für mein Essen sollten möglichst naturbelassen sein, also vollwertig und wenig verarbeitet.
• Die Zutaten sollten mir SCHMECKEN, und ich nahm mir vor, mich nicht zu zwingen, etwas zu essen, was ich nicht mag, selbst wenn es gesund sein soll. Kurz: Alles probieren – ja, aber ohne Verpflichtung, bestimmte Lebensmittel essen zu müssen, nur weil sie gesund sind.
• Meine Ernährung sollte zu meinem Körper passen! Ich beschloss, darauf zu achten, in welchen Kombination mir Lebensmittel nicht bekommen, was bläht oder träge macht und was ich nicht gut verdaue.

Allmählich entwickelte ich ein Gespür dafür, wie bestimmte Lebensmittel auf meinen Organismus wirken. Es wurde mir bewusst, dass ich glutenhaltige Getreide, Milchprodukte, Eier, Soja und raffinierte Zucker – alles gängige Allergene, die vielen Menschen Beschwerden bereiten – am besten ganz weglasse. Auch wenn ich gegen keines der genannten Lebensmittel eine Intoleranz habe, fühlte ich mich, nachdem ich sie gegessen hatte, nur mittelmäßig gut, aber keineswegs großartig.

Kontrolle über die eigene Gesundheit und den eigenen Körper zurückgewinnen – genau diesen Ansatz empfehle ich heute meinen Kunden: Streben Sie nach dem „Ich fühle mich großartig". Schließlich ist unser Körper für das Prädikat GROSSARTIG entwickelt, und wir sind durchaus in der Lage, an dieses Ziel zu gelangen. Alles, was wir dafür tun müssen, ist, unserem Körper die geeigneten Mittel – sozusagen den richtigen Kraftstoff – zur Verfügung zu stellen.

Mit den Gerichten in diesem Buch erhalten Sie den Kraftstoff, den Ihr Körper braucht. Die Rezepte, die ich Ihnen vorstelle, decken dabei alle Lebensbereiche ab – vom Powersnack für zwischendurch bis zum köstlichen Festtagsgericht –, sind aber durchweg gesund und ausgewogen. Und keine Angst: Sie finden in diesem Buch keine Rezepte für braungraue Vollwertgerichte. Meine Rezeptideen sind bunt und voller Lebensfreude, denn ich bin der festen Überzeugung, dass diese Aspekte nicht auf der Strecke bleiben dürfen, wenn wir unserem Körper etwas Gutes tun wollen. Ich liebe es, meinen Alltagsgerichten eine heitere, positive Note zu verleihen – schließlich spielt ja eine optimistische Einstellung zum Leben eine zentrale Rolle für unsere Gesamtverfassung.

Es wäre wunderbar, wenn Sie meine Rezepte dazu anregen könnten, sich eigene Regeln für Ihre gesunde Ernährung aufzustellen, und Sie dazu motivieren, für Ihren wertvollsten Schatz – nämlich Gesundheit und Wohlbefinden – nur das „Ich fühle mich großartig" anzustreben!

Wie bewusstes Essen funktioniert

Jedes Mal, wenn wir essen, treffen wir eine Entscheidung, ob wir unserem Körper etwas Gutes tun oder ihn belasten. Die Natur hält einfache, qualitätvolle Nahrung bereit, die uns nicht nur Vitalität verleiht, sondern auch ein Schlüssel für Zufriedenheit, Lebensfreude und Wohlbefinden ist. Das scheint vielen von uns unbekannt zu sein.

Rund 30 Prozent unserer Körperenergie wird für die Verdauung aufgewendet. Essen wir stark verarbeitete Nahrungsmittel, die unserem Organismus fremd sind, verbraucht der Körper noch weit mehr Energie für die Verdauung und die Ausleitung von Giftstoffen. Ungesundes Essen verpulvert also zusätzlich Energie – Energie, die vorteilhafter für andere Körperfunktionen verwendet werden könnte. Zudem verursacht eine solche Ernährung Verdauungsprobleme – und die sind wiederum wesentliche Ursache für Energiearmut, Trägheit, Stimmungsschwankungen, schlechte Wundheilung, schleppende Genesung und vorzeitige Alterung.

Es gibt heute zwar viele „gesunde" Convenience-Produkte, aber es wird immer schwieriger, zu beurteilen, wie gesund sie tatsächlich sind. Überall verstecken sich gemeinhin bekannte „Bösewichte" in der Nahrung wie weißer Zucker, Glutamat und Transfettsäuren – und das selbst in den scheinbar gesunden Produkten. Hinzu kommt, dass Allergien und Unverträglichkeiten gegen glutenhaltiges Getreide, Milchprodukte, Zucker und Eier mittlerweile fast epidemische Ausmaße annehmen.

Die Vorteile einer Ernährung ohne Gluten, Milchprodukte, Zucker und Eier

Allergien und Intoleranzen

Allergien sind Reaktionen des Immunsystems auf fremde, als feindlich betrachtete Substanzen. Oft sind sie genetisch bedingt und können nicht (vollständig) geheilt werden. Allergisch zu sein bedeutet, dass eine bestimmte Substanz den gesamten Organismus beeinträchtigt. Darauf können zum Beispiel Haut oder Blut reagieren. Häufig äußern sich Allergien unmittelbar und sind nachweisbar.

Eine Intoleranz dagegen ist auf die Verdauung beschränkt, sprich: Eine Substanz kann nicht (oder schwer) verstoffwechselt werden. Das geschieht für gewöhnlich, wenn wir zu viel von etwas zu uns nehmen und der Körper damit überfordert ist. Die Symptome sind differenziert und oft nicht eindeutig auf den eigentlichen Übeltäter zurückzuführen.

Während Allergien fast schon zu unserem Alltag gehören, lassen sich die sprunghaft angestiegenen Intoleranzen eher als Phänomen der jüngeren Zeit beschreiben. Der Grund dafür liegt in unserer Ernährung. Sie ist oft wenig abwechslungsreich und basiert auf industriell produzierten, stark verarbeiteten Produkten, die uns buchstäblich quer im Magen liegen. Egal, ob Sie an einer Unverträglichkeit leiden oder nicht, rate ich Ihnen, möglichst selten zu stark verabeiteten Massenprodukten zu greifen. Konzentrieren Sie sich auf Obst und Gemüse: Sie bilden die Basis für eine gesunde Ernährung.

Die Ernährung umstellen

Potenzielle Allergene in der Ernährung zu ersetzen gelingt am besten, wenn man nicht nach dem Alles-oder-nichts-Prinzip verfährt, denn für die meisten von uns ist eine radikale Ernährungsumstellung kaum möglich. Selbst bei großer Disziplin und den besten Absichten wird der Alltag immer wieder dazwischenfunken – wir sind unterwegs, hängen im Stau, sind in Eile, haben viel zu tun, und manchmal sind wir einfach zu träge, um uns gesund zu ernähren. Dazu kann ich nur sagen: Wenn Sie so oft wie möglich gesund essen, ist es nicht schlimm, wenn Sie ab und zu ein bisschen sündigen. Sei es, weil gerade nichts Gesundes verfügbar ist oder Sie einfach Lust auf Ihr Lieblingsgericht haben – das ist nicht tragisch. Unterm Strich aber sollten Sie sich so ernähren, dass es Ihnen guttut.

Der positive Effekt gesunder Ernährung setzt rasch ein – egal auf welchem Level Sie beginnen. Haben Sie einmal angefangen, sich „besser" zu ernähren, steigert sich Ihr Wohlbefinden schnell. Die neue Ernährungsweise wird bald zum Standard. Bleiben Sie dran, bis sie für Sie selbstverständlich und natürlich geworden ist. Erst dann sind Sie motiviert genug, den nächsten Schritt zu tun.

Getreide und Gluten

Glutenfreie Produkte sind für die Lebensmittelindustrie mittlerweile ein wichtiger Markt. Fragt man aber nach, was glutenfrei überhaupt ist und warum man Gluten meiden sollte, geraten selbst Leute aus der Lebensmittelbranche ins Stocken und können aus dem Stand keine kompakte Erklärung liefern. Das liegt hauptsächlich daran, dass es sich um ein komplexes Thema handelt. Gluten ist ein Proteingemisch, das in den meisten Getreidearten steckt. Die häufigsten Unverträglichkeiten werden von Weizen-, Gersten- und Roggengluten (Gliadin, Hordein bzw. Secalin) verursacht.

Die erhöhten Glutenmengen in unserer Ernährung haben dabei zwei Hauptursachen: Zum einen nehmen wir unbemerkt und unbeabsichtigt zu viel Gluten auf, da Gluten wegen seiner Eigenschaften als „Kleber" von der Lebensmittelindustrie sehr geschätzt wird. Gluten macht zum Beispiel die Brotkrume weich und locker und wird auch anderen Lebensmitteln zur Verbesserung des Mundgefühls zugesetzt, beispielsweise Fertigsaucen oder Fertigbackwaren. Daneben hat Gluten eine konservierende Wirkung und verlängert so die Haltbarkeit von Produkten. Gluten zu extrahieren und Lebensmitteln zuzusetzen ist recht kostengünstig und einfach und daher ein gängiges Verfahren. Zum anderen enthalten heute moderne Agrarweizenzüchtungen zum Zweck der höchstmöglichen Ertragssteigerung und zur besseren industriellen Verarbeitung wesentlich mehr Gluten als noch in den 1950er-Jahren.

Milchprodukte

Wenn Sie mich fragen, welche gezielte Ernährungsumstellung für Ihre Gesundheit am meisten bringt, dann rate ich Ihnen: Lassen Sie Milchprodukte weg! Die Milch eines Säugers ist dazu da, das Gewicht des eigenen Nachwuchses bis auf das Achtfache zu steigern. Sie enthält alle wichtigen Nährstoffe, damit ein Kalb, Zicklein oder Fohlen ordentlich wächst. Ist das Wachstum abgeschlossen, hört das Säugetier auf, seine Jungen zu säugen.

Tierische Milch ist also die ideale Nahrung für den Nachwuchs, aber nicht unbedingt auch für uns. Wir Menschen sind die einzige Spezies auf der Erde, die die Milch eines anderen Lebewesens konsumiert – und das auch noch weit über die eigene Wachstumsphase hinaus! Milchprodukte wirken im menschlichen Körper stark schleimbildend, was wiederum eine Ursache für Trägheit, Übergewicht und Infektionen sein kann.

Fragen Sie jemanden, warum er oder sie glaubt, Milch sei gesund, werden Sie wahrscheinlich zu hören bekommen, wie wichtig Calzium für die Knochen ist. Ja, Milchprodukte enthalten Calzium, und man kann davon ausgehen, dass Milch, Joghurt, Quark, Käse & Co. die Calziumversorgung des Körpers verbessern. Das ist aber nur die eine Seite der Medaille! Im Idealfall ist der pH-Wert des menschlichen Körpers leicht basisch (im Gegensatz zum sauren pH-Wert). Ein basischer pH-Wert ermöglicht die notwendigen chemischen Prozesse im Köper, eine saure Umgebung hingegen macht müde, anfällig für Infektionen und fördert zudem die Bildung freier Radikale.

Calzium, Magnesium, Natrium und Kalium sind basische Mineralien im Körper. Den größten Anteil macht Calzium aus, das in den Knochen eingelagert ist. Im Wesentlichen sind basische Lebensmittel solche, die dem Körper diese Mineralien zuführen, und saure Lebensmittel die, die sie ihm entziehen.

Stress, verschmutzte Luft, Schlafmangel oder schlechte Ernährung (allesamt säurebildend) entziehen dem Körper basische Mineralien, um den körpereigenen pH-Wert auszugleichen.

Milchprodukte sind nicht die beste Energiequelle für den Körper, denn sie sind schwer verdaulich. Verdauungsbeschwerden wiederum wirken säurebildend. Um das basische Niveau zu halten, zieht der Organismus folglich Calzium aus den Knochen ins Blut. Selbst wenn Milchprodukte dem Körper also Calzium zufügen, entsteht gleichzeitig dennoch ein Calziumverlust.

Interessanterweise kommt in Kulturen, in denen so gut wie keine Milchprodukte auf dem Speiseplan stehen, Osteoporose (Knochenschwund) äußerst selten vor. In Japan zum Beispiel, wo die traditionelle Kost hauptsächlich aus Fisch, Gemüse, Algen, Sojaprodukten und Getreide besteht, ist diese Krankheit so gut wie unbekannt. In fast allen nicht kaukasischen Ethnien dagegen konnte mit der allmählichen Anpassung an den westlichen Ernährungsstil ein deutlicher Anstieg der Osteoporosezahlen beobachtet werden.

Uns hat man als Kindern noch beigebracht, dass Milch wegen des Calziumgehalts wichtig ist. Wertvolle pflanzliche Calziumquellen wie Brokkoli, Kohl, Sojabohnen, Sesamsaat, Mandeln, Hanfsamen, Feigen, Datteln oder Aprikosen sind dadurch in den letzten Jahrzehnten aus dem Blick geraten.

Eier

Auch Eier zähle ich zu den Lebensmitteln, auf die man verzichten sollte. Manch einen mag das überraschen. Eier sind doch angeblich gesund. Sie sind reich an Proteinen und eine der wenigen Quellen für Cholin, Vitamin D und Lutein. Nur, weil etwas in bestimmter Hinsicht gut ist, heißt das ja nicht, dass es in anderer Beziehung schlecht sein kann. Allein die Haltung von Legehennen ist zum Teil derart fragwürdig, dass Sie – wenn Sie überhaupt weiterhin Eier essen wollen – sowieso nur zu Bioeiern aus Freilandhaltung greifen sollten.

Für mich steht fest: Eier sind nicht besonders geeignet für die menschliche Kost. Weil in unserer Gesellschaft aber heute mehr Eier denn je konsumiert werden, nehmen Allergien gegen Hühnereier derart zu, dass sie nach Milch das zweithäufigste Allergen sind. Allergische Reaktionen sind häufig bei Kleinkindern zu beobachten, deren „reineres" Verdauungssystem mit dem Hühnereiweiß nur schwer zurechtkommt.

Falls Sie nicht auf Eier verzichten wollen, rate ich, sie nur für Gerichte zu reservieren, in denen man sie herausschmeckt, und Eier dort wegzulassen, wo man durch alternative Zutaten Ersatz schaffen kann. Der Ei-Ersatz gelingt am schwierigsten bei Backwaren, weil Eier hier drei zentrale Funktionen übernehmen: Sie verleihen dem Teig Textur, sorgen für Volumen und binden. In Backwaren müssen Eier daher durch mehrere Zutaten ersetzt werden, die jeweils eine dieser Aufgaben übernehmen.

Zucker

Die negativen Folgen des Zuckerkonsums sind mittlerweile hinlänglich bekannt und stehen erwiesenermaßen in direktem Zusammenhang mit den großen Volkskrankheiten – Herz-Kreislauf-Problemen, Diabetes und Krebs. Selbst wenn ich nicht immer gleich an diese Krankheiten denke, vermeide ich weißen Zucker trotzdem, weil er meinen Körper regelrecht aus der Bahn wirft. Unser Blut braucht einen konstanten Zuckerspiegel für einen gleichbleibenden Energielevel und das Wohlbefinden. Raffinierter Zucker stört diese Balance und belastet damit den Organismus, der viel Energie braucht, um nach dem Zuckergenuss wieder ins Gleichgewicht zu kommen.

Es ist ein unrealistischer Vorsatz, nie wieder Süßigkeiten zu essen. Glücklicherweise gibt es wunderbare Alternativen zu weißem Zucker, die wesentlich gesünder sind. Wie man weißen Zucker ersetzen kann, erfahren Sie auf Seite 17. So können Sie Ihrem süßen Laster ganz ohne schlechtes Gewissen nachgehen. Dieses Argument ist nicht zu unterschätzen, denn negative Gefühle beim Essen, egal wie gesund es ist, wirken sich auch negativ auf den Körper aus – sei es durch Gewichtszunahme, Verdauungsbeschwerden, ein fehlendes Sättigungsgefühl oder, schlimmer noch, durch den Teufelskreis, zu denken, Essen sei ein Feind statt Freund.

Wie Sie dieses Buch nutzen

Ein Fehler, den ich oft gemacht habe, als ich anfing, nach Rezept zu kochen, war, das ganze Rezept nicht vorher durchzulesen. Es scheint lästig, aber es muss sein: Durch das vorherige Durchlesen erhält man nicht nur eine genauere Vorstellung vom Zeitrahmen und von den Zutaten, sondern auch von der Vorgehensweise und wie was am Ende aussehen soll. Kochen oder Backen läuft wesentlich einfacher und organisierter ab, wenn Sie sich vorab 5 Minuten Zeit nehmen, um das Rezept zu verstehen.

Stellen Sie sämtliche Zutaten, Messgeräte und Schüsseln bereit, bevor Sie beginnen. Das lange Suchen nach ungewöhnlicheren Zutaten hat meine Experimentierfreude in der Küche oft schon ausgebremst. Studieren Sie vorab das Angebot in Reformhäusern, Bioläden und auf Wochenmärkten, dann wissen Sie, was Sie direkt einkaufen können und was Sie sich eventuell via Onlinebestellung (Adressauswahl Seite 4) ins Haus kommen lassen.

Sie suchen nach Anregungen, welches Rezept Sie zuerst ausprobieren? Im Folgenden habe ich Ihnen die einfachsten und zweifellos auch leckersten Vorschläge aufgelistet, die Sie ganz bestimmt immer wieder zubereiten werden:

Mandel-Leinsamen-Cracker (Seite 61)
Feigenrollen (Seite 122)
Torteletts mit Kichererbsenmus (Seite 59)
Gefüllte Törtchen ohne Backen (Seite 115)
Panierte Zucchini (Seite 76)
Husarenkrapferl mit Erdnusscreme (Seite 125)
Schoko-Kokos-Herzen (Seite 121)
Mango-Avocado-Rollen mit Limettendip (Seite 80)
Power-Knuspermüsli (Seite 23)

Auch die Rezepte in den Kapiteln „Powersnacks" ab Seite 35 und „Dippen & Stippen" ab Seite 79 sind kinderleicht.

Gut, einige Rezepte brauchen etwas mehr Zeit, aber ich würde sie nicht als „schwierig" bezeichnen, weil sie im Grunde einfach und unkompliziert sind. Sie müssen sich einfach hineinfinden, wenn Sie die Rezepte das erste Mal zubereiten. Ich habe die Erfahrung gemacht, dass das Ergebnis viel eher gelingt, wenn man sich erst ein einfaches Rezept vornimmt und dann an ein aufwendigeres heranwagt. Das Geheimnis dabei? Sie haben ganz einfach schon Routine gewonnen.

Rezepte zum Reinfinden
Zimtschnecken (Seite 134)
Schokoladen-Cookies (Seite 118)
Mini-Ofenkrapfen mit Zimtzucker (Seite 138)
Apfel-Zimt-Kranz (Seite 137)
Becherkuchen (Seite 129)
Rosmarin-Brotstangen (Seite 56)

Grund- und Ersatzzutaten

Xanthan

Da Gluten als Bindemittel („Kleber") wirkt und dem Teig eine schöne Textur verleiht, sind glutenhaltige Mehle backstärker. Xanthan, ein natürlicher Mehrfachzucker, ist ein guter Ersatz für Gluten und sorgt dafür, dass die Gerichte in diesem Buch nicht pappig schmecken und krümelig aussehen. Xanthan ist äußerst ergiebig und spielt eine wichtige Rolle im „gesunden" Vorratsschrank. Ich gebe zum Beispiel eine großzügige Prise Xanthan in meine Smoothies. Dadurch schmecken sie fast wie echte Milchshakes: Mixen Sie für Smoothies 250 ml Pflanzenmilch, pro Portion je 1 Handvoll Eiswürfel und gefrorene Früchte wie Mango, Blau- oder Erdbeeren, 1/2 Banane und 1/2 TL Xanthan. Sie können auch 1 Handvoll Spinat mitmixen. So haben Sie eine Extra-Portion Gemüse intus. Ich verspreche: Sie schmecken den Spinat nicht heraus!

Pflanzenmilch

Die Auswahl an Pflanzenmilch ist heute so groß, dass es leicht sein könnte, ganz auf tierische Milch zu verzichten. Bei Pflanzenmilch wechsle ich gern mal ab, weil alle Sorten unterschiedliche wertvolle Inhaltsstoffe und verschiedene Eigenschaften haben. Reismilch (Reisdrink) beispielsweise eignet sich ausgesprochen gut zum Kuchenbacken, Mandelmilch wiederum ist die cremigste Pflanzenmilchsorte überhaupt, weshalb ich sie bevorzugt für Cookies (Seite 118) und herzhafte Snacks verwende. Finden Sie einfach Ihre Lieblingspflanzenmilch heraus, und stellen Sie am besten immer eine Packung auf Vorrat in den Kühlschrank. Sie werden staunen, wie schnell sie leer ist: ein Schuss im Tee, eine Portion für Ihren Smoothie oder Ihr Power-Knuspermüsli (Seite 23). Pflanzenmilch hält sich angebrochen im Kühlschrank 5 Tage.

Apfelessig

Apfelessig entsteht aus Apfelwein und sollte möglichst nicht gefiltert, also naturtrüb sein. Beim Kochen und Backen kann Apfelessig vielfach eingesetzt werden. Vor allem dient er als sehr hilfreiche Backzutat. Backnatron als Treibmittel muss nämlich zuerst mit einer säurehaltigen Flüssigkeit gemischt werden, um seine Wirkung voll zu entfalten. Apfelessig aktiviert das Natron, so dass der Teig beim Backen aufgeht und schön locker und luftig wird. Außerdem ist Apfelessig auch ein gutes Säuerungsmittel: Wird der Essig zum Beispiel mit Pflanzenmilch gemischt, entsteht eine Art Buttermilch. Apfelessig ist somit gleich von zweifachem Nutzen. Generell sagt man, dass 1 EL Apfelessig in einem Rezept 1 Ei ersetzt.

Süßungsmittel

Es gibt viele gesündere Alternativen zu raffiniertem weißem Zucker. Um für alle Zwecke gerüstet zu sein, sollten Sie ein flüssiges und ein körniges Süßungsmittel parat haben, weil diese sich beim Backen/Kochen unterschiedlich verhalten. Wenn zum Beispiel in einem konventionellen Rezept weißer Zucker verlangt wird und Sie stattdessen Agavendicksaft verwenden, werden die Feuchtigkeit und Textur des Endprodukts verändert (siehe hierzu auch Seite 16 f.). So gut wie jedes alternative Süßungsmittel wurde irgendwann mal kritisiert, weil es angeblich nicht so gesund sei, wie behauptet. Bedenken muss man aber, dass es nur in Maßen eingesetzt und als Nascherei betrachtet werden sollte. Nutzen Sie Ihr Köpfchen, machen Sie sich schlau, und wählen Sie ein so wenig wie möglich verarbeitetes Süßungsmittel. Meine Favoriten sind Kokosblütenzucker und Ahornsirup.

Xanthan — Pflanzenmilch — Apfelessig — Kokosblütenzucker — Ahornsirup

Gemahlene Leinsamen

Eier sind in der gesunden Küche wahrscheinlich am schwierigsten zu ersetzen. Aber mischen Sie doch mal gemahlene (gelbe) Leinsamen mit Wasser, und Sie werden staunen, wie Ei-ähnlich die Textur schon nach ein paar Minuten ist. „Lein-Ei" ist von unschätzbarem Wert und kann für alle Rezepte mit Ei verwendet werden: pro Ei etwa 1 Esslöffel gemahlene Leinsamen mit der dreifachen Menge Wasser verrühren und quellen lassen, bis die Masse andickt. Die Leinsamen können Sie selbst mahlen oder fertig gemahlen kaufen. Sie sollten im Kühlschrank aufbewahrt werden, weil sie in Kontakt mit Luft schnell ranzig wird.

Chiasamen

Ursprünglich stammen Chiasamen aus Guatemala und Mexiko. Ganz ähnlich wie Leinsamen haben sie eine besonders gute Quellfähigkeit. Sie können die Samen in der Kaffee- oder Gewürzmühle mahlen und als „Chia-Ei" ersatzweise für Hühnereier verwenden. Dazu lassen Sie 1 Esslöffel gemahlenen Chiasamen mit 3 Esslöffeln Wasser quellen. Chiasamen sind auch eine hervorragende Quelle für Omega-3-Fettsäuren – vielleicht der wichtigste proaktive Nährstoff (vor allem für das Hirnwachstum von Kindern). Ich versuche, täglich mindestens 1 Esslöffel Leinsamen, Hanf- oder Chiasamen zu mir zu nehmen.

Kokosöl

Sie wissen vielleicht, dass Kokosnuss rundum gesund ist. Kokosöl zum Beispiel wirkt antibakteriell, antiviral und antimikrobiell. Es hat außerdem schilddrüsenregulierende Eigenschaften und regt den Stoffwechsel an. Ich mag Kokosöl besonders gern zum Kochen, weil es ein hitzestabiles Öl ist, das heißt, seine molekulare Struktur verändert sich selbst bei hohen Temperaturen nicht. Andere wertvolle Öle wie Lein- oder Hanföl sind dagegen empfindlicher und entwickeln beim Erhitzen schädliche Bestandteile. Kokosöl verwende ich wie Chia- und Avocadoöl auch kalt zum Beträufeln von Salaten und Gemüse. Zum Kochen und Backen bevorzuge ich ganz klar Kokosöl.

Apfelmus

Den Flüssigkeitsverlust durch die fehlenden Eier kann man beim Backen prima durch Apfelmus ausgleichen. Zudem lässt sich die Fettmenge unter Kontrolle halten, weil man in gesunden Rezepten schon mal etwas mehr Fett nimmt, damit der Kuchen nicht trocken und fad wird. Wenn Sie in einem konventionellen Rezept die Fettmenge senken wollen, ersetzen Sie einfach immer die Hälfte durch Apfelmus. Fertiges Apfelmus wird in jedem Supermarkt angeboten. Sie können aber genauso gut Ihr eigenes Mus zubereiten. Verwenden Sie zum Backen zur Abwechslung auch mal Birnenmus.

Dunkle Schokolade

Viele denken, Schokolade sei tabu, wenn man mit den Essgewohnheiten aufräumt. Falls dem tatsächlich so wäre, würde ich es nicht aushalten, denn ich bin bekennender Schokoholiker. Sie werden feststellen, dass dunkle Schokolade mit einem Kakaoanteil von mindestens 70 Prozent meist keine Milch enthält, das heißt, Sie müssen lediglich darauf achten, wie die Schokolade gesüßt ist. Mittlerweile gibt es Schokoladen mit Xylitol, Stevia oder verschiedenen Fruchtzuckern als Süßungsmittel. Für die meisten Backzwecke bevorzuge ich dunkle Schokoladenchips, unter anderem weil sie schnell schmelzen.

Gemahlene Leinsamen · Chiasamen · Kokosöl · Apfelmus · Dunkle Schokoladenchips

Erprobte Tipps & Tricks

Backen kann manchmal Glückssache sein. Es ist eine Wissenschaft für sich mit vielen Variablen. Leicht geht etwas schief, selbst wenn Sie sich bis aufs i-Tüpfelchen an die Anleitung gehalten haben. Jede Zutat hat eine Funktion – nicht nur in Sachen Geschmack, sondern auch hinsichtlich Textur, Backverhalten, Teigbindung und -feuchtigkeit. Schon kleine Abweichungen können große Auswirkungen haben. Im Folgenden verrate ich Ihnen einige Tipps und Kniffe, die ich bei meinen Backabenteuern gelernt habe. Vielleicht helfen sie Ihnen weiter.

Abwiegen und abmessen

Für alle Backwaren kann ich Ihnen Becher- und Löffelmaße empfehlen. Meiner Erfahrung nach lässt die Volumenmessung von Zutaten weniger Spielraum für Fehler als das Wiegen. Das Messen im Messbecher macht es zum Beispiel einfacher, eine bestimmte Menge Agavendicksaft durch Ahornsirup zu ersetzen. Wenn Sie die Zutat auswiegen müssen, ist die Berechnung schon nicht mehr so einfach. Anders beim Volumenmaß: Hier brauchen Sie einfach nur dieselbe Menge. Um eine Trockenzutat mit einem Messbecher genau zu messen, tauchen Sie das Maß in die Trockenzutat oder löffeln stückige Zutaten locker in den Becher und streichen dann die Oberfläche mit einem Messer glatt.

Bei Backpulver, Backnatron, Xanthan oder Pfeilwurzelmehl macht exaktes Messen jedoch den Unterschied aus. Diese Zutaten sind gering dosiert, weshalb die richtige Menge umso entscheidender ist.

Wenn Sie kein Löffelmaßset zur Hand haben, können Sie auch Speiselöffel mit 5 ml (Teelöffel) oder 15 ml (Esslöffel) verwenden. Bei Salz oder Gewürzen spielen diese Maße keine so große Rolle, denn etwas mehr oder weniger davon beeinflusst die Gesamttextur der Backware nicht.

Ofentemperaturen

Keine zwei Backöfen heizen gleich schnell auf die eingestellte Temperatur. Deshalb ist das Vorheizen auf die angegebene Temperatur keine Garantie dafür, dass alles so bäckt, wie es gewünscht ist. Wenn Sie meinen, dass Ihre Kuchen oder Plätzchen noch ein wenig länger brauchen, als im Rezept angegeben, oder schneller fertig sind, folgen Sie Ihrem Gefühl und lassen die Backware noch im Ofen oder nehmen sie vorher heraus.

Es gibt weitere Faktoren, die die Ofentemperatur beeinflussen, zum Beispiel häufiges Öffnen der Ofentür während des Backens (für beste Ergebnisse die Tür möglichst nicht öffnen!) und wie lange die Ofentür aufbleibt, wenn Sie den Kuchen hineinschieben. Das Backverhalten Ihres Kuchens wird außerdem anders sein, je nachdem, ob Sie Ihren Ofen 10 oder 15 Minuten vorgeheizt haben. Mit einem Ofenthermometer können Sie feststellen, ob die im Rezept angegebene und am Regler eingestellte Temperatur tatsächlich erreicht ist.

Wenn Kuchen oder Plätzchen außen schon gebräunt sind, die Teigmitte aber noch nicht durchgebacken ist, decken Sie das Backgut am besten mit Alufolie oder Backpapier ab. So bäckt das Stück ganz durch, ohne dass die Oberfläche zu dunkel und trocken wird.

Zutaten ersetzen

In den meisten Rezepten in diesem Buch können Sie eine Pflanzenmilch nach Wahl verwenden. Wenn als Zutat Mandelmilch angegeben ist, Sie aber nur Reismilch vorrätig haben oder Haselnussmilch lieber mögen, ist das kein Problem und wirkt sich nicht auf das Ergebnis aus.

Freie Wahl gilt auch für flüssige Süßungsmittel. Ich liebe Ahornsirup. Sie bevorzugen stattdessen vielleicht Agavendicksaft, Reissirup oder Honig.

Allerdings ist insbesondere beim Backen zu beachten, dass sich ein flüssiges Süßungsmittel nicht so einfach durch ein körniges Süßungsmittel und umgekehrt austauschen lässt.

Bei körnigen Süßungsmitteln jedoch hat man einen kleinen Spielraum, um ein Süßungsmittel durch ein anderes zu ersetzen. Dabei sollten Sie aber im Kopf haben, dass Stevia zum Beispiel viel süßer ist als Fruchtzucker, und Kokosblütenzucker und Xylitol wiederum eine höhere Süßkraft als weißer Zucker haben. Gehen Sie auf Nummer sicher und verwenden Sie Xylitol oder Fruchtzucker, wenn es so im Rezept angegeben ist.

Noch ein Wort zu Stevia: Mit Stevia gesüßte Kuchen schmecken manchmal ein wenig bitter. Deshalb vewende ich dieses Süßungsmittel fast ausschließlich für das Süßen von Kaltgetränken und Zubereitungen, die durch (Tief-)Kühlung verfestigt werden. Fruchtzucker, Xylitol, Palmzucker und Kokosblütenzucker hingegen können ohne Weiteres gegeneinander ausgetauscht werden. Palmzucker und Kokosblütenzucker haben ein karamellartiges Aroma, mit dem Sie den Geschmack von Kuchen und Plätzchen aufpeppen können. Meine Nanaimo-Riegel (Seite 108) beispielsweise schmecken viel besser, wenn ich zum Süßen statt Xylitol Kokosblütenzucker verwende.

Am schwierigsten dürfte es sein, ein bestimmtes Mehl zu ersetzen. Der Grund dafür ist, dass man zwar fast jede Getreideart, Hülsenfrucht oder Nussart mahlen kann. Das daraus gewonnene Mehl aber weist immer eine andere Backqualität auf. Wenn in einem Rezept Kichererbsenmehl verlangt wird und Sie es durch Vollkornreismehl ersetzen, kann es sein, dass statt des erhofften Prachtkuchens ein Häufchen „Matsch" aus dem Ofen kommt. Außerdem kommt es vor, dass das als Ersatz verwendete Mehl schneller oder langsamer bäckt als die restlichen Zutaten, was zu starken Einbußen im Geschmack führt. Ich rate Ihnen, für Rezepte, die Getreidemehle erfordern, ein glutenfreies Allzweckmehl zu verwenden.

Wenn Sie wissen möchten, wie sich ein bestimmtes Mehl beim Backen verhält, probieren Sie es am besten einfach aus! Vielleicht müssen Sie ein wenig experimentieren und die ein oder andere Mengenanpassung vornehmen, um zum Wunschergebnis zu kommen.

Steht in einer Zutatenliste Mandelmehl, können Sie ohne Bedenken ein anderes Nussmehl verwenden. Doch Achtung: Gemahlene Mandeln und Mandelmehl sind nicht dasselbe! Technisch gesehen, werden in beiden Fällen zwar Mandeln gemahlen. Gemahlene Mandeln, wie man sie in einer Küchenmaschine herstellen kann, ergeben ein Mehl mit einer gröberen Textur. Das Mandelmehl aus dem Handel ist wesentlich feiner, trockener und lässt sich in dieser Qualität nicht selbst mahlen. Wird in einem Rezept Mandelmehl verwendet, empfehle ich daher, dieses Mehl zu kaufen.

Für herzhafte Rezepte und Rezepte ohne Backen können Sie als Zutat ruhig mal andere Nüsse, Saaten, Früchte oder Gemüsesorten verwenden, als im Rezept angegeben. Das ist kein Problem!

Backnatron

Seine Wirkung entfaltet Backnatron, sobald es mit einer Flüssigkeit in Kontakt kommt. Deshalb sollten Sie bei Rezepten mit Natron zügig arbeiten und zusehen, dass Sie den Teig in den Ofen bekommen, sobald er fertiggestellt ist. Bei Backpulver, das hauptsächlich durch die Ofenwärme aktiviert wird, kann man sich ein bisschen mehr Zeit lassen.

Trockenzutaten rühren

Lange dachte ich, Trockenzutaten ließen sich einfach mit einem elektrischen Handrührer „verrühren". Erst später habe ich gelernt, dass man sie nur von Hand vermengt – und zwar mit einem Schneebesen. Dadurch mischen sich die Zutaten viel besser als mit einem Rührlöffel. Diese Technik verwende ich häufig, nicht zuletzt auch aus dem Grund, weil ich dann die Trockenzutaten nicht vorher durchsieben muss.

Zum Frühstück

Es ist längst erwiesen, dass das Frühstück die wichtigste Mahlzeit des Tages ist. Trotzdem nehmen sich die meisten Menschen morgens keine Zeit für ein Frühstück und verlassen das Haus, ohne etwas gegessen zu haben. Wenn Sie sich jedoch am Vorabend eine Ration Power-Knuspermüsli (mit gesunden Zutaten und nicht das unmäßig gesüßte Zeug aus dem Supermarkt) oder einen Apfel-Haferbrei mit Kokossahne zubereiten, ist schon mal gesichert, dass Sie eine gesunde Portion Kraftstoff haben, mit dem Sie für den Arbeitstag bestens gerüstet sind. Wenn Sie Ihr Frühstücksbrot noch gegen selbst gemachte Protein-Pfannkuchen eintauschen, dann haben Sie auf dem Teller garantiert keine Konservierungsstoffe, raffinierten Zucker oder künstliche Aromen, die so häufig in Wurst, Käse und Konfitüre enthalten sind.

Mini-Muffins mit Hanfsamen, Orange und Kardamom

Ergibt 24 Mini-Muffins oder 9–10 normale Muffins

125 g Quinoamehl
1/2 TL Backnatron
1 TL Backpulver
1 TL gemahlener Kardamom
1 TL gemahlener Zimt
2–3 EL geschälte Hanfsamen
1–1 1/2 TL Orangenaroma oder Orangenöl
1 EL Apfelessig
100 g ungesüßtes Apfelmus
60 ml Reis- oder Mandelmilch
3 EL Ahornsirup oder weiteres Apfelmus
2 EL körniges Süßungsmittel
1/2 TL Salz

24er-Mini-Muffinform, mit umweltfreundlichen Papierbackförmchen ausgelegt

Als Teenager hatte ich eine Phase, in der ich zum Frühstück ganz verrückt nach Muffins aus der Bäckerei war. Schon damals, als ich noch nicht viel über gesunde Ernährung wusste, merkte ich, dass die Muffins mir einen regelrechten Zuckerschock versetzten und ich lange vor dem Mittagessen schon wieder richtig Hunger hatte.

Ich liebe warmes Gebäck zum Frühstück – vor allem, wenn es draußen kalt ist. Daher habe ich ein Rezept zusammengestellt, das so vollwertig ist, dass es ohne Weiteres als „Powerfrühstück" durchgehen kann – mit reichlich Eiweiß und gesunden Omega-3-Fettsäuren aus Quinoamehl, Hanfsamen und möglichst wenig Zucker. Diese Muffins sind bei Weitem nicht so süß wie die Muffins, die man beim Bäcker kaufen kann. Stattdessen haben sie dank Kardamom, Zimt und Orange reichlich Geschmack.

Ich backe die Muffins in der Miniversion, damit man sich die Mengen besser einteilen kann: Drei Muffins mit einem Apfel und einem Heißgetränk ergeben ein Frühstück, ein oder zwei Muffins ein zweites Frühstück oder „Pausenbrot" für die Kinder. Wenn Sie am Montag 24 Muffins backen, reicht der Vorrat bis Freitag.

Den Backofen auf 180 °C vorheizen.

Quinoamehl, Backnatron, Backpulver und Salz in einer Schüssel mischen. Kardamom und Zimt darübersieben und untermischen. Die Hanfsamen zugeben (auf einen Löffel mehr oder weniger kommt es nicht an, mehr Hanf bedeutet schlicht mehr Eiweiß und gesunde Fette).

In einer zweiten Schüssel Orangenaroma oder Orangenöl, Essig, Apfelmus, Reis- oder Mandelmilch, Ahornsirup oder weiteres Apfelmus und Süßungsmittel gründlich verrühren.

Den Inhalt beider Schüsseln zu einem groben Teig verrühren (nicht zu lange rühren!). Die Förmchen zu zwei Dritteln mit dem Teig füllen und diesen glatt streichen. Die Muffins im vorgeheizten Ofen 8–10 Minuten backen (normale Muffins 9–12 Minuten). Sollen die Muffins besonders saftig werden, können sie auch etwas kürzer gebacken werden – das ist völlig unbedenklich, da alle Zutaten auch roh verzehrt werden können.

Die Muffins aus dem Ofen nehmen und vor dem Servieren 5 Minuten abkühlen lassen. In einem luftdichten Behälter halten sie sich bis zu 5 Tage.

Power-Knuspermüsli

Ergibt 8 Portionen

275 g Buchweizen (ganz)
175 g gekochte Quinoa
3 EL Chiasamen (siehe Info Seite 44)
40 g Kürbiskerne
40 g Mandeln, grob gehackt
2 TL gemahlener Zimt
1/2 TL frisch geriebene Muskatnuss
1 TL Vanillearoma
60 ml Kokosöl
60 ml Ahornsirup

Pflanzenmilch und frische Früchte oder Beeren zum Servieren

1 Backblech, mit Backpapier oder Alufolie ausgelegt

Power-Knuspermüsli heißt dieses Müsli, weil es die drei Superzutaten in der Kategorie Getreide und Saaten enthält: Buchweizen, Quinoa und Chiasamen. Müsli verbindet man gemeinhin mit „gesund". Meist ist fertigen Müslimischungen aber absurd viel Zucker zugesetzt, und selbst gesünderen Versionen werden oft unverhältnismäßig viele Nüsse beigemischt.

In diesem Müsli sind nur 4 Esslöffel Ahornsirup enthalten und kein weiterer Zucker – auch nicht in Form von Trockenfrüchten. Dafür steckt reichlich Eiweiß drin, denn Buchweizen, Quinoa und Chiasamen haben je 13, 15 bzw. 20 Prozent Eiweißgehalt.

Ich fülle das Müsli gern in Einmachgläser ab, die ich dann zu besonderen Anlässen verschenke – kommt immer gut an!

Den Backofen auf 180 °C vorheizen.

Buchweizen, Quinoa, Chiasamen, Kürbiskerne, Mandeln, Zimt und Muskatnuss in einer großen Schüssel mischen.

Vanillearoma, Kokosöl und Ahornsirup in einem Topf schwach erhitzen. Über die Trockenzutaten gießen und alles sorgfältig vermengen. Wenn das Müsli weniger knusprig werden soll, 3 EL Wasser untermischen.

Die Mischung auf dem vorbereiteten Backblech verteilen. Größere Klumpen müssen nicht zerkleinert werden. Im vorgeheizten Ofen ca. 1 Stunde backen.

Müsli herausnehmen und einige Minuten abkühlen lassen, dann in beliebig große Stücke brechen. Das Müsli hält sich in einem luftdichten Behälter bei kühler Lagerung bis zu 3 Wochen.

Mit Pflanzenmilch, Früchten oder Beeren, z. B. Blaubeeren, servieren.

Schon gewusst?
Ich habe lange einen Bogen um Buchweizen gemacht, weil ich ihn für ein Getreide hielt. Tatsächlich handelt es sich aber um die Samen einer mit dem Rhabarber verwandten Pflanze. Buchweizen ist glutenfrei und hat einen niedrigen glykämischen Index. Er ist reich an Eiweiß (25 %) und Magnesium, von dem wir alle mehr vertragen könnten. Wenn ich japanisch essen gehe, bestelle ich oft ein Gericht mit Sobanudeln, die aus Buchweizen hergestellt werden. Ein Sobanudel-Gericht ist bekömmlich und lecker und in jedem Fall wesentlich gesünder als viele Sushi-Varianten.

Popcorn-Parfait

Ergibt 1 Portion

2 TL Popcornmais
1 TL Xylitol oder Stevia
125–150 g milchfreier Joghurt (ich empfehle veganen Kokosjoghurt)
1 TL Kürbiskerne oder andere Saaten
80–100 g gemischte Beeren
Agavendicksaft zum Beträufeln (nach Belieben)

1 hohes Glas

Popcorn – pur und ungesüßt natürlich – ist ein Freund gesundheitsbewusster Menschen. Es besteht aus dem vollen Korn, hat kaum Kalorien und ist ein toller Knabberspaß. Wussten Sie, dass Popcorn doppelt so viel Antioxidantien enthält wie die meisten Früchte? Es ist also fast eine Schande, dass wir es nur als Party- oder Kinosnack kennen.

Warum sollte man Popcorn nicht so verwenden wie anderes Vollkorngetreide – als Teil eines gesunden Frühstücks? Die Popcornportion ist fast so schnell fertig wie der Frühstückskaffee. Am besten bereiten Sie gleich eine größere Portion zu, denn Popcorn hält sich über Wochen – und wenn Sie es auf Vorrat im Haus haben, ist Ihr gesundes Frühstück noch schneller fertig.

Probieren Sie das Popcorn-Parfait aus – Sie werden es lieben!

Maiskörner und Süßungsmittel in einem beschichteten Topf bei mittlerer Hitze auf den Herd setzen. Den Deckel aufsetzen. Sobald die Maiskörner zu springen beginnen und aufplatzen, die Hitze auf kleine Stufe reduzieren. Sind alle Körner nach 45–60 Sekunden aufgeplatzt, den Topf vom Herd nehmen und das Popcorn etwas abkühlen lassen.

Joghurt und Kürbiskerne verrühren und die Hälfte in ein hohes Glas füllen. Die Hälfte der Beeren und des Popcorns daraufsetzen. Die restlichen Zutaten in dieser Reihenfolge in das Glas schichten und nach Belieben mit Agavendicksaft beträufeln.

Apfel-Haferbrei mit Kokossahne

Ergibt | Portion

40 g Haferflocken (ich empfehle kerniges Großblatt)
120–160 ml ungesüßtes Apfelmus (abhängig davon, wie dick der Haferbrei werden soll)
1/2 TL gemahlener Zimt
1/2 TL frisch geriebene Muskatnuss
2 TL kalte Mandelmilch
6–7 Walnusskerne, grob gehackt

Für die Kokossahne
1 Dose Kokosmilch (400 ml), 2 Std. gekühlt (Achtung: Keine fettarme Kokosmilch verwenden, sonst gelingt die Sahne nicht)
1–2 EL Xylitol, Stevia oder ein anderes körniges Süßungsmittel
3 Tropfen Vanillearoma

Die Vorzüge eines Haferbreis zum Frühstück sind ja allgemein bekannt. Als Kind fand ich die obligatorische Breischale allerdings ziemlich fad. Ich habe den Haferbrei dann aufgepeppt, indem ich ihn kalt, mit Apfelsaft statt Milch oder Wasser zubereitet habe. Daraus hat sich dieser Apfel-Haferbrei entwickelt.

Sie können den Haferbrei unter der Woche am Morgen als schnelles Frühstück zubereiten oder mit Kokossahne verfeinert als besonderes Frühstück am Wochenende. Vergessen Sie aber nicht, dass der Brei am Vorabend angesetzt werden muss.

Am Vorabend Haferflocken und Apfelmus in einer Schüssel verrühren und über Nacht im Kühlschrank quellen lassen. Bis zum nächsten Morgen entsteht ein sämiger Brei.

Den Haferbrei in einen Topf umfüllen und bei kleiner bis mittlerer Hitze auf den Herd setzen. Zimt und Muskatnuss unterrühren und sanft erhitzen. Wenn der Brei warm ist, in eine Schale umfüllen und die Mandelmilch unterziehen – der Kontrast zwischen kalt und warm ist einfach himmlisch.

Mit den Walnüssen bestreuen und sofort, nach Belieben mit einem Klacks Kokossahne, servieren.

Für die Kokossahne
Die Kokosmilchdose aus dem Kühlschrank nehmen und ohne zu schütteln öffnen. Die dicke Schicht Kokoscreme, die sich an der Oberfläche und am Deckel abgesetzt hat, abnehmen und in eine Schüssel geben. Süßungsmittel und Vanillearoma zugeben. (Kokosnuss ist von Natur aus süß, daher benötigen Sie nur wenig Süßungsmittel, um den Eigengeschmack der Frucht zu unterstreichen.)

Die Sahne mit einem elektrischen Handrührer ca. 6 Minuten rühren, bis die Masse eine schlagsahneartige Konsistenz hat.

Übrig gebliebene Sahne hält sich in einem luftdichten Behälter bis zu 3 Tage. Vor dem weiteren Gebrauch kann die Kokossahne noch einmal mit dem elektrischen Handrührer aufgeschlagen werden.

Kokossahne passt zu Kuchen, süßen Aufläufen und Eiscreme.

Frühstückssalat

Ergibt | Portion

2 Salatherzen oder 2 große Handvoll Salatblätter nach Wahl (ich empfehle fürs Ausprobieren Eisberg- oder Romanasalat und später Pflücksalat mit Spinat oder Mangold)
1 große Banane
1 Orange
1–2 EL geschälte Hanfsamen
1 EL Kokosraspel

Für das Dressing
1 Orange
1 EL Erdnusscreme

Dies ist eine Art Grundrezept, mit dem Sie Ihren eigenen knackig-frischen Frühstückssalat kreieren können. Salat zum Frühstück? Klingt gewöhnungsbedürftig. Aber Sie müssen es einfach ausprobieren. Sie werden feststellen, dass es eine ganz ordentliche Portion ist. Sie steckt voller frischer, gesunder, basischer Inhaltsstoffe.

Den Salat putzen, waschen und in Streifen schneiden.

Banane und Orange schälen, in kleine Stücke schneiden und in eine große Schüssel geben. Hanfsamen und Kokosraspel untermischen.

Für das Dressing Orange auspressen und den Saft mit der Erdnusscreme glatt rühren.

Dressing über den Salat träufeln. Sofort servieren.

Variation
1 Eisberg-Salatherz, 2 Mangos, 1 Stück Salatgurke (ca. 10 cm, geschält und in Scheiben), 2 EL Mandeln (grob gehackt)
Für das Dressing:
60 g frische Himbeeren, mit 1 EL reinem Ahornsirup zerdrückt.

Protein-Pfannkuchen

Ergibt 1 Portion

6 EL glutenfreies Allzweckmehl nach Wahl
30 g Proteinpulver nach Wahl
1/2 EL Xylitol, Stevia oder ein anderes körniges Süßungsmittel
1/2 TL Backpulver
1 kleine Banane
1 EL Pflanzenmilch
1 TL Vanillearoma
1/2 TL Kokosöl
1 Prise Salz

frische Beeren nach Wahl und Ahornsirup oder dunkle Schokoladenchips zum Servieren

Sie lieben Pfannkuchen? Diese gesundheitsbewussten Protein-Pfannkuchen können Sie sogar jeden Tag genießen. Manchmal, wenn ich nach einem anstrengenden Arbeitstag so richtig k.o. bin, rühre ich mir schnell noch einen Protein-Pfannkuchenteig an – ohne jedes schlechte Gewissen.

Mehl, Proteinpulver, Süßungsmittel, Backpulver und Salz in einer Schüssel mischen.

Banane schälen und in einer Schüssel klümpchenfrei zerdrücken. Pflanzenmilch und Vanillearoma gründlich unterrühren.

Die Bananenmilch in die Trockenzutaten rühren, bis ein glatter Teig entstanden ist.

Das Kokosöl in einer Pfanne zerlassen und durch Schwenken gleichmäßig verteilen. Ein Viertel des Teigs in die Pfanne geben und bei mittlerer Hitze backen. Wenn der Teig Blasen wirft, wenden und von der anderen Seite goldbraun backen. Den Pfannkuchen aus der Pfanne nehmen und warm halten. Den restlichen Teig auf dieselbe Weise verarbeiten.

Die Pfannkuchen mit Beeren servieren und mit Ahornsirup beträufeln oder für ein Verwöhnessen mit Schokoladenchips bestreuen.

Schon gewusst?
Im Moment gilt Protein als der Nährstoff schlechthin. Deswegen wird mittlerweile auch allenorten Proteinpulver als Nahrungsergänzungsmittel angeboten. Allerdings enthalten viele Produkte billige Füllstoffe, die den Körper eher belasten als ihm guttun. Häufig sind diese Pulver auch mit Zucker oder, noch schlimmer, mit künstlichen Süßstoffen wie Aspartam versetzt. Halten Sie nach reinem, natürlichem Proteinpulver, beispielsweise aus Hanf, Erbsen, gekeimtem Naturreis oder Quinoa, Ausschau, das idealerweise aus höchstens zehn Inhaltsstoffen besteht. Lassen Sie die Finger von Produkten mit dem Wort „Isolat" in der Zutatenliste. Je exotischer der Geschmack des Pulvers (z.B. Cookies und Sahne, Erdnussbutter und Konfitüre), desto stärker ist es vermutlich verarbeitet. Ich empfehle Ihnen, ein Pulver möglichst ohne Vanille- oder Schokogeschmack zu kaufen und nach Belieben mit Zutaten aus der eigenen Küche geschmacklich aufzupeppen.

Frucht-Frosties

Mango und Blaubeere

Papaya und Limette

Ananas und Blutorange

Früchte stehen neuerdings wieder mal ungerechtfertigterweise in der Kritik, denn vielfach wird geraten, zuckerhaltige Früchte zum Abnehmen wegzulassen. Schon seit Beginn der Menschheitsgeschichte essen wir Früchte. Sie sind meiner Meinung nach das beste Nahrungsmittel zur Gewichtskontrolle, als Energiespender und Fitmacher. Früchte enthalten genau die Ballaststoffe, Vitamine und Mineralien, die wir brauchen. Außerdem sind sie schnell verdaut und deshalb wenig belastend für den Organismus, sodass unser Körper die Vorzüge von Früchten bei minimalem Energieaufwand maximal nutzen kann. Früchte liefern außerdem den Zucker, der für unsere Körperzellen der beste Kraftstoff ist.

Nach meiner Erfahrung scheint viel Obst essen häufig gerade die Lösung für Leute zu sein, die gegen ein starkes Verlangen nach Zucker ankämpfen. Ich selbst beginne meinen Tag in der Regel mit einer großen Portion Obst und esse, bis ich genug davon habe. Etwas Gehaltvolleres nehme ich erst dann zu mir, wenn sich mein Magen meldet.

Obst essen ist einfach. Schwieriger ist es schon eher, herauszufinden, ob das Obst, das man essen möchte, auch richtig reif ist. Außerhalb der Saison sind Früchte und Obst häufig teuer und kaum als Bioware zu finden. Die Lösung ist, größere Mengen Früchte dann einzufrieren, wenn sie Saison haben und überall angeboten werden. Aus diesem Vorrat lassen sich auch die auf der linken Seite abgebildeten Frucht-Frosties in jedweder Fruchtkombination mixen. Wenn man in Eile ist, dann sind diese gefrosteten Drinks eine äußerst praktische und schnelle Art, sich mit Vitaminen zu versorgen, und diese Drinks sind gleichzeitig auch eine beliebte Zwischenmahlzeit für Kinder.

Blutorangen sind der Beweis dafür, dass der Sommer nicht die einzige Zeit für eine obstreiche Ernährung sein muss, denn die Saison für dieses Obst beginnt erst Mitte/Ende Dezember. Tatsächlich schmecken die meisten Zitrusfrüchte im Winter am besten. Das Gleiche gilt für Granatapfel, Birne und Sharonfrucht (auch als Kaki bekannt), um nur einige zu nennen. Das A & O für einen leckeren Frostie ist aber ein leistungsstarkes Mixgerät, das es auch mit Eiswürfeln und gefrorenen Früchten aufehmen kann und sie glatt und schön cremig mixt.

Hinweis: Vor dem Mixen empfiehlt es sich, die gefrorenen Früchte 5 Minuten antauen zu lassen. Nach Belieben können Sie auch einen Spritzer Wasser zufügen. Eventuell müssen Sie die Masse zwischendurch immer wieder von der Gefäßwand nach unten schaben.

Für 1 Portion Papaya-Limetten-Frostie
Das Fruchtfleisch von 1 großen Papaya (oder von 2 kleinen Papayas) aus der Schale lösen und über Nacht tiefkühlen. In einem leistungsstarken Mixer mit dem Saft von 1 Limette glatt pürieren.

Für 1 Portion Ananas-Blutorangen-Frostie
Das Fruchtfleisch von 1 reifen Ananas in Stücke schneiden und über Nacht tiefkühlen. Die Hälfte der Ananasstücke (2 große Handvoll) in einem Mixer mit dem Saft von 3 Blutorangen glatt pürieren.

Für 1 Portion Mango-Blaubeer-Frostie
Das Fruchtfleisch von 3 Mangos vom Stein und in Stücke schneiden und über Nacht tiefkühlen. In einem Mixer mit 1–2 Handvoll frischen Blaubeeren (oder TK-Ware) glatt pürieren.

Für unterwegs & zwischendurch

Cashewkerne, Chiasamen, Datteln, Gojibeeren, Hanfsamen, Kokosöl, Macapulver, Sesamsaat und Spirulina – das sind nur einige Zutaten, denen Sie in diesem Kapitel begegnen. Diese Zutaten unterstützen Sie dabei, Ihre Energiereserven aufzutanken. Sämtliche Rezepte für Snacks enthalten natürliche Zucker, Eiweiß, nährstoffreiche Früchte, Nüsse und Saaten, die dem Köper gut verwertbare, lang anhaltende Energie zuführen – egal ob Sie Fitnessfreak sind oder nur wieder etwas Energie benötigen. Übrigens: Erdnussbutter müssen Sie ab jetzt nicht mehr kaufen, denn Sie können sich mithilfe der Rezepte in diesem Kapitel Ihr eigenes, gesundes Power-Nussmus zubereiten.

Frostige Erfrischungen

Die Idee, Fruchtsmoothies in eine Eisform zu gießen, finde ich fast ein wenig langweilig. Wenn man das Ganze aber zu einem bunten, gesunden Snack aufwertet und dabei das ein oder andere Gemüse in ein süßes, exotisches Eis am Stiel hineinschmuggelt, dann schmeckt diese sommerliche Erfrischung alles andere als fad. Hier sind meine beiden Lieblingssmoothies, die ich in originelles Eis am Stiel für Kinder und Erwachsene verwandelt habe. Bieten Sie sie doch mal Ihren Gästen als Überraschung an. Die werden bestimmt nicht schlecht staunen!

Cremiges Orangeneis

Ergibt 4–6 Stück

1 reife Banane
frisch gepresster Saft von
　3 Orangen (ca. 250 ml)
1/4 Avocado
250 ml Kokos- oder Mandelmilch
einige Tropfen Vanillearoma

4–6 Eis-am-Stiel-Förmchen

Letztes Jahr habe ich diesen wunderbar cremigen Orangensmoothie entwickelt und ihn eine Zeit lang jeden Morgen zum Frühstück getrunken. An einem der wenigen richtig heißen Sommertage gab es in meinem Lebensmittelladen in der Auslage Eis-am-Stiel-Förmchen. Ich habe sie spontan gekauft, und das Erste, was ich eingefüllt habe, war mein Orangensmoothie.

Alle Zutaten in einem Mixer glatt pürieren.

Die Mischung in die Eisförmchen füllen und tiefkühlen, bis sie fest ist.

Grünes Gemüseeis

Ergibt 4–6 Stück

1/2 Gurke
300 g gehackte Ananas
　(frisch oder TK-Ware)
1 große Handvoll frische
　glatte Petersilie
1 Handvoll junge Spinatblätter
1 Limette
1 TL Stevia
1/2 TL Spirulinapulver

4–6 Eis-am-Stiel-Förmchen

Das ist mein allerbester grüner Smoothie und mein absoluter Lieblingssmoothie. Er könnte sogar als Cocktail durchgehen und hat schon die größten Gemüsesaft-Skeptiker, die ich kenne, überzeugt. Wie lecker die Eiskreation tatsächlich ist, können Sie sich wahrscheinlich nur schwer vorstellen, wenn Sie sich die Zutatenliste ansehen. Man muss dieses Gemüseeis einfach ausprobieren. Es ist die perfekte Erfrischung für heiße Sommernachmittage, und als zusätzliches Plus hilft das Gemüse, Ihr Energielevel bis zum Abendessen aufrechtzuerhalten.

Gurke, Ananas, Petersilie und Spinat in einem Mixer glatt pürieren.

Die Mischung in die Eisförmchen füllen und tiefkühlen, bis sie fest ist.

Powerriegel für unterwegs

Ergibt 4 Stück

60 g Proteinpulver nach Wahl
60 ml ungesüßtes Kürbispüree (aus der Dose oder selbst zubereitet)
60 ml Mandelmus (Fett vor dem Messen abgießen)
Xylitol oder Stevia
6 EL Buchweizen (ganz)

1 Backform (ca. 24 x 10 cm), dünn mit Kokosöl eingefettet

Sie kennen bestimmt diese Proteinsnacks, die als Power-, Fitness- oder Energieriegel in Geschmackssorten wie „Cranberry", „Kirsch-Kokos" oder „Banana-Twist" angeboten werden, nur 200 Kalorien haben und mehr als 16 g Eiweiß enthalten? Man möchte der Werbung so gern glauben, dass sie gesund sind. Tatsächlich aber stecken die meisten dieser Riegel voller künstlicher Zutaten. Diese Energie wird vom Körper nicht verwertet: Das Protein ist denaturiert und daher unbrauchbar. Außerdem wirken die Aromastoffe aus dem Labor wie ein Chemieangriff auf unseren Organismus.

Energieriegel sind jedoch äußerst praktisch. Meine Version ist in weniger als 5 Minuten zubereitet und hält sich im Tiefkühlfach bis zu 3 Wochen. So haben Sie nie Mangel an einer eiweißreichen Zwischenmahlzeit, um schnell neue Energie zu tanken.

Proteinpulver, Kürbispüree und Mandelmus in einer Schüssel verrühren und nach Geschmack süßen (ich finde, dass Proteinpulver und Kürbispüree süß genug sind, aber geben Sie einfach so viel Süßungsmittel dazu, dass Ihnen die Mischung schmeckt).

Den Buchweizen unterziehen.

Die Mischung in die vorbereitete Form füllen und mit einem Löffelrücken glatt streichen. Mindestens 1 Stunde tiefkühlen.

Und zum Beweis: Tatsächlich toppen Sie mit natürlichen Zutaten einen Energieriegel aus dem Handel:
Proteinpulver: 8 g (umgerechnet auf einen Riegel mit 16 g)
Mandelmus: 2,5 g
Buchweizen: 3 g
Kürbispüree: 0,75 g
= über 14 g Protein pro Riegel

Energiekugeln mit Kokos und Spirulina

Ergibt ca. 16 Stück

90 g getrocknete Datteln, entsteint
70 g Cashewkerne
1 gehäufter TL Kokosöl
1 1/2–2 TL Spirulinapulver
1 gehäufter TL Matchapulver (Grünteepulver)
20 g Kokosraspel

1 Tasse, zur Hälfte mit Wasser gefüllt

Spirulina, im Handel auch als „Mikroalge" bekannt, ist vermutlich die Superzutat, die am wenigsten schmeckt. Oft jammern Kunden, wie furchtbar sie den Algengeschmack finden, egal mit welchen Tricks sie ihn zu überdecken versuchen.

Als bei mir ein Candidapilz und eine Hormonschwankung diagnostiziert wurden, war das Erste, was die Ernährungsberaterin mir verordnete, eine tägliche Dosis Spirulinapulver in Wasser gerührt, weil es ein gutes alkalisierendes Mittel ist. Basische Lebensmittel wie Spirulina sorgen dafür, dass der Körper in seinem Wohlfühl-pH-Bereich ist, in dem er am besten funktioniert. Meine Beraterin hoffte, dass mein Körper sich auf diese Weise selbst kurieren könnte. Damals waren mir die Zusammenhänge noch nicht klar, und das Spirulinawasser schmeckte so widerlich, dass ich mich jedesmal überwinden musste, es zu trinken.
Als ich schließlich die positiven Eigenschaften von Spirulina am eigenen Leib erfahren hatte, stellte ich dieses spezielle Rezept für „Energiekugeln" zusammen, um Spirulina einfacher und schmackhafter aufnehmen zu können.

Datteln 30 Minuten (nicht länger!) in einer Schale Wasser einweichen.

Cashewkerne ca. 45 Sekunden in einer Küchenmaschine fein mahlen.

Datteln abgießen und trocken tupfen. Mit Kokosöl, Spirulina- und Matchapulver zu den Cashewkernen in die Küchenmaschine geben und pürieren, bis sich die Masse als Kugel von der Gefäßwand löst.

Mit befeuchteten Händen walnussgroße Portionen von der Masse abnehmen und zwischen den Handflächen zu Kugeln formen (die Hände immer wieder befeuchten, damit die Masse nicht kleben bleibt).

Die Kugeln rundum in den Kokosraspeln wenden und auf ein Brett oder einen Teller setzen.

Die Kugeln mind. 20 Minuten im Kühlschrank ruhen lassen. Sie halten sich in einem luftdichten Behälter im Kühlschrank bis zu 3 Wochen.

Expeditionshäppchen

Ergibt 8 Stück

50 g ganze ungeschälte Mandeln
60 g getrocknete Aprikosen
  (am besten ungeschwefelt)
2 EL geschälte Hanfsamen
1 1/2 EL Kokosöl
Vanillearoma zum Abschmecken

Diese Kugeln habe ich vor zwei Jahren für eine Gruppe von Abenteurern entwickelt, die den Nordpol überqueren wollten. Der Organisator bat mich damals, eine handliche, kompakte Energiequelle zu kreieren, die die Expeditionsteilnehmer auf den Tagesetappen in regelmäßigen Abständen schnell in den Mund schieben könnten.

Mir war klar, dass als Energiespender dafür ausschließlich natürlicher Fruchtzucker und als Eiweißlieferant Nüsse infrage kämen. Nachdem ich mit diversen Zutaten herumexperimentiert hatte, standen als ideale Kombination Aprikosen mit Mandeln fest. Ich gab noch ein bisschen Kokosöl und Hanfsamen dazu, die gesunde Fettsäuren zur Unterstützung der Hautfunktion und der Gelenke lieferten. Insbesondere Hanfsamen sind eine ergiebige Quelle für Omega-3-Fettsäuren. Kokosöl wiederum wirkt antibakteriell und regt den Stoffwechsel an.

Nach der Rückkehr vom Nordpol erntete ich viel Lob vom Expeditionsteam und entwickelte darauf die Snacks zu Häppchen für Ausdauersportler weiter, die heute sehr beliebt sind.

Anders als Energieriegel aus dem Handel, die ja gern als Sportlernahrung bezeichnet werden, sind diese Häppchen bekömmlich und mit zwei Bissen gegessen, liefern aber genau die Energie, die wir bei körperlicher Anstrengung brauchen.

Die Mandeln in eine Küchenmaschine geben und mixen, bis sie eine krümelige Konsistenz haben.

Die Aprikosen zugeben und weitermixen, bis die Zutaten gut gemischt sind und ein dickes Mus entsteht. Hanfsamen und Kokosöl einarbeiten. Mit einigen Tropfen Vanillearoma abschmecken.

Die Masse in 8 Portionen teilen und zwischen den Handflächen zu Kugeln formen.

Die Kugeln mindestens 15 Minuten im Kühlschrank ruhen lassen. Sie halten sich in einem luftdichten Behälter im Kühlschrank bis zu 3 Wochen.

Chia-Shots

Ergibt 4 Stück

4 TL Chiasamen
1 frisches Minzeblatt
 oder 1/2 EL getrocknete Minze
1 Limette
1/2 Zitrone
1 TL Stevia

*4 Schnapsgläser (0,4 cl)
Kaffee- oder Gewürzmühle*

Chiasamen, die legendären „Heilsamen der Maya", sind die Neuentdeckung auf dem Lebensmittelmarkt. Sie strotzen direkt vor gesunden Nährstoffen wie Calzium und Magnesium, Omega-3-Fettsäuren und pflanzlichen Proteinen und sind so perfekt mit wertvollen Inhaltsstoffen ausgestattet, wie ein gesundes Nahrungsmittel nur sein kann. Einziger Haken ist, dass sich die Samen nicht so einfach in den täglichen Speiseplan integrieren lassen, denn sie nehmen gut das Achtfache ihres Gewichts an Flüssigkeit auf und müssen immer erst eingeweicht werden. Es lassen sich aber wunderbare Frühstücksflammeris aus den Samen zubereiten, wie mein Rezept auf Seite 47 beweist.

Diese fruchtigen Shots mit Chiasamen sind eine tolle Idee, wenn man einen schnellen Energieschub braucht. Nehmen Sie zum Beispiel vor dem Ausdauersport einen Chia-Shot als Energiebombe zu sich. Er bietet den diversen Energy-Gelen aus dem Handel allemal Paroli!

Die Chiasamen in einer Kaffee- oder Gewürzmühle zusammen mit der Minze fein mahlen. Die Mischung gleichmäßig auf die Gläschen verteilen und mit etwas Limetten- und Zitronensaft beträufeln.

Die Gläser mit Wasser auffüllen und je 1/4 TL Stevia unterrühren. Shots ca. 10 Minuten im Kühlschrank quellen lassen.

Vor dem Servieren kräftig umrühren und das Gläschen mit dem Shot wie ein Schnäpschen in einem Zug trinken!

Schon gewusst?
Grundlage für dieses Rezept mit Chiasamen ist „iskiate", auch „chia fresca" genannt, ein Ausdauergetränk des indigenen Tarahumara-Volkes im Norden von Mexiko. Angeblich waren die Tarahumara begnadete Langstreckenläufer, die Distanzen von bis zu 80 Kilometern laufen konnten. Als ihre bevorzugte Energiequelle galten getrocknete Chiasamen, die sie auf ihren 24-Stunden-Läufen entweder kauten oder in Form eines Getränks zu sich nahmen. Dieses Energiegetränk namens „chia fresca" ist heute noch in Mittel- und Südamerika bekannt. Dafür werden in einem großen Glas Wasser, Chiasamen, Zitronensaft und Zucker zusammengerührt. Na, wie wäre es mit einem „chia fresca" als Nachmittagsstärkung? Das Getränk ist noch gesünder, wenn Sie den Zucker durch Ahornsirup oder Agavendicksaft ersetzen.

Chiaflammeri

Oft werde ich gefragt, wie ich meinen Calziumbedarf decke, da ich keine Milchprodukte zu mir nehme, ob ich genügend Omega-3-Fettsäuren abbekomme, da ich keinen Ölfisch esse, und woher mein Körper Eiweiß erhält, so ganz ohne Fleisch. Viele Fragen – eine Antwort: Chiasamen! Diese kleinen Kraftkammern enthalten alle drei lebenswichtigen Nährstoffe – und das reichlich. Bereits eine kleine Menge Samen genügt, um eine große Wirkung zu erzielen. Pro Portion braucht man nur 1 Esslöffel Chiasamen (Seite 44). Lässt man sie in einer Flüssigkeit quellen, bilden sie eine Art Flammeri, einen kalten Pudding, und da die Samen selbst geschmacklos sind, können Sie die Flammeris ganz nach Belieben aromatisieren.

Chiaflammeri ist eine tolle Alternative zum Müsli am Morgen – sehr sättigend und weniger stärkehaltig. Ich bewahre die Portion Flammeri im Kühlschrank auf (bis zu 5 Tage) und gehe immer mit dem Löffel dran, wenn mich die Lust auf was Süßes packt.

Chiaflammeri mit wärmenden Gewürzen

Ergibt 1 Portion

1 EL Chiasamen
100 ml Mandelmilch
frisch gepresster Saft von 1 Karotte
1/4 TL gemahlener Ingwer
1/4 TL gemahlene Gewürznelken
1/4 TL frisch geriebene Muskatnuss
1/2 TL gemahlener Zimt
1 EL reiner Ahornsirup

Chiasamen und Milch klümpchenfrei verrühren und in einen luftdichten Behälter füllen. Dann 10 Minuten quellen lassen.

Die restlichen Zutaten gründlich unterrühren und den Deckel auf den Behälter setzen.

Den Behälter für einen dünnen Flammeri 1 Stunde in den Kühlschrank stellen, für einen festeren Flammeri über Nacht.

Chiaflammeri mit Kokos und Vanille

Ergibt 1 Portion

1 EL Chiasamen
125 ml Mandelmilch
3 EL Kokosraspel
1 TL Vanillearoma

Chiasamen und Milch klümpchenfrei verrühren und in einen luftdichten Behälter füllen. Dann 10 Minuten quellen lassen.

Die restlichen Zutaten unterrühren und mit geschlossenem Deckel in den Kühlschrank stellen: 1 Stunde für einen dünnen Flammeri, über Nacht für einen festeren Flammeri.

Chiaflammeri mit Schokoladenaroma

Ergibt 1 Portion

1 EL Chiasamen
125 ml Mandelmilch
1 1/2 EL Kakao
2 EL reiner Ahornsirup

Chiasamen und Milch klümpchenfrei verrühren und in einen luftdichten Behälter füllen. Dann 10 Minuten quellen lassen.

Die restlichen Zutaten unterrühren und mit geschlossenem Deckel in den Kühlschrank stellen: 1 Stunde für einen dünnen Flammeri, über Nacht für einen festeren Flammeri.

Schokoladen-Mandel-Konfekt

Ergibt 8 Stück

70 ml Mandelmus (vor dem Messen das Öl abgießen)
2 TL gemahlene Leinsamen
1 gehäufter TL Kokosöl
1 gehäufter TL Xylitol
1 1/2 EL Kakaopulver (ich bevorzuge rohes Kakaopulver) zzgl. Kakao zum Bestäuben
1/2 TL Vanillearoma
1 TL Espressopulver

Dieses gefrorene schokoladige Mandelmuskonfekt habe ich mir ausgedacht, als ich den totalen Schmacht auf dunkle Schokolade hatte. Frauen bekommen an manchen Tagen im Monat häufig richtigen Heißhunger auf Schokolade: Was uns dann eigentlich fehlt, ist ein bisschen Magnesium, das das Nervensystem reguliert.

Schokolade gehört zu den Genüssen, die ich trotz gesunder Ernährung nicht aufgeben will. Aber es gibt ja definitiv Wege, die lieb gewonnene Schokoladendosis aufzuwerten. Ich nehme mir immer eine von diesen geeisten Konfektkugeln, wenn ich merke, dass mein Körper dringend eine Portion Kakao braucht.

Wenn Sie Rohkakao bekommen können, verwenden Sie ihn in diesem Rezept: Seine Wirkung ist besser als die von herkömmlichem Kakaopulver.

Alle Zutaten in eine Küchenmaschine geben und zu einer glatten Masse pürieren.

Die Masse in 8 Portionen teilen und diese zwischen den Handflächen zu Kugeln formen. Kugel mit Kakaopulver bestäuben.

Das Konfekt 30 Minuten tiefkühlen und gefroren servieren. Es hält sich im Gefrierfach bis zu 4 Wochen.

Schon gewusst?
Viele von uns stecken in einem Teufelskreis aus Diäten und Fressattacken – und oft scheint es nicht möglich, einen anderen, gesunden Weg zu finden. Ich erkläre meinen Klienten, dass sie für eine langfristig gesunde Lebensweise etwas mehr tun müssen, als nur schlank bleiben (oder werden). Durch diese kurzsichtige Denke bleiben nämlich viele in einem zerstörerischen Hin und Her hängen. Für mich begannen sich die Dinge erst zu ändern und zu bessern, als ich lernte, mit einem Gefühl der Eigenliebe statt der -ablehnung zu essen. Wenn man in dem Bewusstsein isst, sich selbst mit Respekt und Dankbarkeit zu behandeln, ist der Kampf zwischen Gut und Böse schon fast entschieden.

Nuss- und Saatenmus

Meinen Weg zu einer gesunden Ernährung hätte ich wohl ohne Nuss- und Saatenmus nicht durchhalten können. Früher hieß es, eine Handvoll Nüsse mit einem Stück Obst sind eine gesunde Zwischenmahlzeit. Das kann man eine Zeit lang praktizieren, aber dann wird es recht langweilig und eintönig. Wenn man aber die Nüsse in einem Mixer zerkleinert und sie mit anderen leckeren Zutaten verfeinert, entsteht im Handumdrehen eine cremige Paste, die man sich zum Beispiel auf einen Apfel streichen kann. Ganz abgesehen davon, ist das Nuss- und Saatenmus eine wertvolle Nährstoffquelle, die sich in fast jedes Essen integrieren lässt.

Ich liebe meine tägliche Portion Nussmus. Sie versorgt mich mit den richtigen, weil gesunden Fetten. Ich sorge immer dafür, dass ich verschiedene selbst gemachte Sorten zu Hause habe, damit ich ein möglichst breites Spektrum an wertvollen Nuss-Inhaltsstoffen abdecken kann.

Ergibt ca. 8 Portionen (à ca. 2 EL)

Für jedes Rezept auf der folgenden Seite die Nüsse und Saaten in einer Küchenmaschine zerkleinern, bis sich die natürlichen Öle absetzen und sich nach und nach ein Mus bildet. Dann die restlichen Zutaten zufügen und mit der Pulsfunktion (Intervallschaltung) cremig und glatt verarbeiten.

Noch ein Hinweis: Das würzige Sesammus mag ich persönlich lieber, wenn es ein bisschen gröber ist. Daher mixe ich den Sesam in der Küchenmaschine nicht ganz so lang.

Ergibt ca. 8 Portionen (à ca. 2 EL)

170 g Mandeln
2 TL reiner Ahornsirup
1 Prise Salz

Einfaches Mandelmus

Dieses Mus wird wohl immer mein Favorit bleiben, allein schon weil es so vielseitig ist. Es schmeckt nicht nur im Joghurt oder mit Früchten, sondern man kann es auch unter einen Haferbrei ziehen oder auf Popcorn-Parfait (Seite 24) geben, eine Ofen-Süßkartoffel damit garnieren oder es mit Sojasauce und Zitronensaft als Sauce für ein Wok-Gericht anrühren.

Ergibt ca. 8 Portionen (à ca. 2 EL)

125 g Mandeln
40 g geschälte Hanfsamen
1/2 EL gemahlener Zimt
1 EL Macawurzelpulver (siehe Info Seite 102)
1/2 TL Vanillearoma
1 TL Xylitol oder Stevia
2 EL Hanföl (oder Lein-, Kokos- oder Chiasamenöl)

Wärmendes Hanf-Mandel-Mus mit Zimt und Macawurzel

Diese Mandelmus-Variante bereite ich vor allem im Winter zu, weil Zimt und Maca den Körper schön von innen wärmen. In der kalten Jahreszeit wird die Haut schnell trocken, weshalb ich eine ordentliche Portion Hanfsamen untermische, die ja viel Omega-3-Fettsäuren enthalten und die Haut mit Feuchtigkeit versorgen. Das Mus passt zu allem Möglichen. Ich tunke am liebsten einen Löffel ins Glas und esse es pur.

Ergibt ca. 8 Portionen (à ca. 2 EL)

120 g Sesamsaat
2 EL gemahlene Leinsamen
2 EL Sesam- oder Olivenöl
1 EL frisch gepresster Zitronensaft oder Apfelessig
1 EL Nährhefe (nach Belieben)
1/4 TL Meersalz
1/2 – 1 TL Cayennepfeffer

Würziges Sesammus

Ich habe schon reichlich süßes Nussmus probiert und unzählige nicht aromatisierte. Da kam mir der Gedanke, auch eine pikante Version zu kreieren, wenn man mal Lust auf Salziges hat. Mit dieser Alternative lässt man auch viel einfacher die Finger von der Chipstüte. Streichen Sie dieses Mus auf ein paar dicke Gurkenscheiben oder auf gesunde Cracker, oder mischen Sie es unter gedünstetes Gemüse wie Bohnen, Spinat oder rote Paprika.

Ergibt ca. 8 Portionen (à ca. 2 EL)

130 g Kürbiskerne
1 EL Kokosöl
60 ml reiner Ahornsirup
1 TL frisch gepresster Zitronensaft
1/2 TL Vanillearoma
1 Prise Salz

Kürbiskernmus mit Ahornsirup und Zitrone

Dieses Mus habe ich spontan zusammengemixt, als wir richtig saure, knackige Äpfel im Haus hatten. Dazu schwebte mir ein süßes, fein säuerliches Nussmus vor. Und da ich zu dieser Zeit versuchte, meine Zinkzufuhr zu erhöhen, weil jeder um mich herum krank wurde und Zink das Immunsystem stärkt, wollte ich als Grundlage für das Mus Kürbiskerne verwenden, die eine der besten pflanzlichen Lieferanten für dieses Spurenelement sind. Die meisten von uns sind chronisch unterversorgt mit Zink. Mit diesem Kürbiskernmus gelingt die Erhöhung sogar mit Genuss.

Steinzeitkekse

Ergibt 16 Stück

2 TL gemahlene Chiasamen (fertig gemahlen kaufen oder in einer Kaffee-/Gewürzmühle fein mahlen)
170 g Pekannüsse (siehe Anleitung unten) oder gemahlene Mandeln
3 EL Kokosraspel
1 TL gemahlener Zimt
1/2 TL frisch geriebene Muskatnuss
1 TL Backpulver
4 Tropfen Vanillearoma
3 TL Stevia
2 EL Mandelmilch
1 Prise Salz

1 Backblech, mit Backpapier ausgelegt

Einmal hatte ich eine Catering-Anfrage von einer Kundin, die sowohl eine Paläo-Diät (Steinzeiternährung) verfolgte als auch Diabetikerin war. Das bedeutete, dass sie weder Getreidemehle aß noch natürliche Zucker wie Agavendicksaft, Ahornsirup oder Honig zu sich nehmen durfte – aber sie liebte Plätzchen heiß und innig. Da hatte ich die Idee, ein Mehl aus Pekannüssen, die die Kundin gern mochte, herzustellen, und bis auf Stevia, das sich nicht auf den Blutzuckerspiegel auswirkt, den Zucker völlig wegzulassen. Ich war skeptisch, wie Backwerk mit derart vielen Einschränkungen gelingen, geschweige denn schmecken würde. Die Kundin aber war begeistert, sodass ich diese Plätzchen schließlich in mein reguläres Angebot aufgenommen habe. Sie gehören mittlerweile zu den beliebtesten Produkten, da heute sehr viele Leute ihre Kohlenhydrate zählen (müssen).

Diese Plätzchen bestehen aus so reinen, gesunden Zutaten, dass sie ein idealer Powersnack sind und Naschkatzen glücklich machen. Das Rezept ist quasi ein Grundrezept. Sie können Ihre Steinzeitkekse nach Belieben durch Zugabe von getrockneten Cranberrys, Leinsamen oder Kürbiskernen variieren.

Den Backofen auf 180 °C vorheizen.

Chiasamen mit 2 EL Wasser in eine Schale geben und mit einer Gabel verrühren, bis die Mischung die Konsistenz von verquirltem Ei hat. Tatsächlich übernimmt dieses „Chia-Ei" in veganen Backrezepten die Funktion von Eiern. Mischung in den Kühlschrank stellen.

Pekannüsse fein mahlen (aber nicht zu lange bearbeiten, sonst entsteht Mus). Die Nüsse sollten ca. 1 Tasse „Nussmehl" ergeben. Gegebenenfalls weitere Pekannüsse verarbeiten.

Pekannussmehl, Kokosraspel, Zimt, Muskatnuss, Backpulver und Salz in einer Schüssel mischen. Vanillearoma, Stevia und Mandelmilch sorgfältig in die Trockenzutaten einarbeiten, dann „Chia-Ei" gründlich unterrühren.

Den Teig in 16 Portionen teilen. Diese zu Kugeln formen und zwischen den Handflächen flach drücken. Auf das vorbereitete Backblech legen und im vorgeheizten Ofen ca. 6 Minuten backen. Plätzchen herausnehmen und auf einem Kuchengitter vollständig abkühlen lassen. Die Plätzchen halten sich in einem luftdichten Behälter bis zu 4 Tage.

Für Partys

Snacks für eine Party zuzubereiten bedeutet ganz und gar nicht, die gesunde Ernährung über Bord zu werfen. Im Gegenteil: Es gibt viele leckere, gesunde Knabbereien und Häppchen, die jedes Fertigprodukt ausstechen. Statt Frittiertem und Salzkruste sind Backen im Ofen und raffinierte Würzmischungen angesagt. Im Nu lässt sich so kreatives Fingerfood für die Party zaubern, von denen Ihre Gäste begeistert sein werden. Und weil Sie viele Rezeptideen schon im Voraus zubereiten können, kommen Sie auch gar nicht in die Verlegenheit, in allerletzter Minute panisch Chips und Salzgebäck zu kaufen.

Rosmarin-Brotstangen

Ergibt 12–14 Stück

1 TL Trockenhefe
1/2 TL reiner Agavendicksaft oder Honig
300 g glutenfreies Allzweckmehl nach Wahl zzgl. Mehl zum Bestäuben
3 TL Xanthan
1 1/2 EL natives Olivenöl extra
2 EL frische oder getrocknete Rosmarinnadeln, grob gehackt
1 1/2 TL Meersalz

2 Backbleche, mit Alufolie ausgelegt

Vermutlich könnte ich jedes Backrezept gesünder machen. Das traue ich mir jedenfalls zu. Aber um alles, was mit Brot zu tun hat, habe ich lange einen großen Bogen gemacht. Ich wagte mich nicht so recht an das Brotbacken heran, weil ich glaubte, dass es kompliziert und zeitaufwendig ist. Stimmt aber nicht!

Dieses Rezept ist das erste Brotrezept, das ich ausprobiert habe, und es ist auf Anhieb gelungen. Ich persönlich mag lieber dickere Brotstangen, weil sie außen schön knusprig und innen weich sind.

Die Hefe mit 180 ml lauwarmem Wasser in einer großen Schüssel verrühren. Agavendicksaft oder Honig unterrühren (durch den Zucker entwickelt sich die Hefe besser, sodass der Teig schön aufgeht) und 5 Minuten quellen lassen.

Mehl, Xanthan und Salz in eine zweite Schüssel sieben (so wird das Xanthan gleichmäßig verteilt).

Das Olivenöl in den Hefeansatz rühren, dann die Mehl-Xanthan-Mischung darübersieben und so lange rühren, bis ein glatter Teig entstanden ist. Den Rosmarin sorgfältig einarbeiten und den Teig zu einer Kugel formen.

Eine saubere Arbeitsfläche mit Mehl bestäuben und den Teig 10 Minuten kräftig durchkneten. Falls der Teig zu stark klebt, die Arbeitsfläche mit weiterem Mehl bestäuben.

Den Teig mit einem Teigroller zu einem ca. 30 cm großen Kreis ausrollen (die Oberfläche sollte eben und ohne Löcher sein). Teig mit Frischhaltefolie und einem feuchten Geschirrtuch bedecken und 1 1/2 Stunden gehen lassen.

Den Backofen ca. 15 Minuten vor dem Backen auf 200 °C vorheizen.

Geschirrtuch und Frischhaltefolie vom Teig entfernen (der Teig sollte doppelt so hoch sein). Teigkreis halbieren und jede Hälfte der Länge nach in 4 Streifen schneiden. Die Streifen am äußeren Rand haben eine perfekte Länge für Brotstangen; die längeren Streifen halbieren und ziehen, bis sie die gewünschte Länge haben (sie gehen im Ofen noch auf). Die Teigstangen vorsichtig aufdrehen und auf die vorbereiteten Backbleche legen.

Die Blech auf der oberen und mittleren Schiene in den Ofen schieben und die Brotstangen ca. 15 Minuten backen. Die Bleche tauschen und weitere 10 Minuten backen. Die Brotstangen vor dem Servieren etwas abkühlen lassen. Sie halten sich in einem luftdichten Behälter bis zu 2 Tage.

Torteletts mit Kichererbsenmus

Ergibt 12–14 Stück

Für die Torteletts
2 EL gemahlene Leinsamen
170 g gemahlene Mandeln
2 EL Nährhefe
1 1/2 TL Backpulver
1 Prise Salz

Für das Kichererbsenmus
1 Dose (400 g) Kichererbsen, gut abgetropft
frisch gepresster Saft von 1 Zitrone
2 EL Tahini (Sesampaste)
1 EL Olivenöl
Meersalz und frisch gemahlener Pfeffer zum Abschmecken

getrockneter Oregano zum Servieren

12 Mini-Torteletttförmchen

Ich hätte wohl nie im Leben herzhafte Törtchen zubereitet, wenn sie nicht jemand bei mir bestellt hätte. Ich hielt diese Törtchen immer ein wenig für „chichi". Irgendwann gab ich ihnen aber dennoch eine Chance und musste feststellen, dass sie kein Hexenwerk sind. Die Idee, einen Dip in einer „Teigschale" zu portionieren und in einem Happs in den Mund schieben zu können, fand ich für eine Party einfach super. Diese Torteletts sind quasi die elegante Version von „Hummus mit Crackern".

Den Backofen auf 180 °C vorheizen.

Leinsamen mit 90 ml Wasser in eine Schale geben und mit einer Gabel verrühren, bis die Mischung die Konsistenz von verquirltem Ei hat (tatsächlich übernimmt dieses „Lein-Ei" in veganen Backrezepten die Funktion von Eiern). Mischung in den Kühlschrank stellen.

Mandeln, Salz, Nährhefe und Backpulver in eine Küchenmaschine geben und durchmischen. Das „Lein-Ei" zugeben und kurz einarbeiten, bis sich der Teig als Kugel von der Schüsselwand löst. (Er sollte keinesfalls zu lange gerührt werden!)

Den Teig in 12 Portionen teilen und in die Tortelettförmchen drücken. Überstehende Teigränder mit einem scharfen Messer begradigen.

Die Förmchen auf ein Backblech setzen und auf der mittleren Schiene im vorgeheizten Ofen ca. 15 Minuten backen, bis sie zu bräunen beginnen.

Herausnehmen und einige Minuten abkühlen lassen. Dann die Torteletts aus der Form lösen.

Für das Kichererbsenmus
Alle Zutaten in einer Küchenmaschine cremig pürieren.

Jeweils 1 gehäuften EL der Kichererbsencreme in die Torteletts füllen und mit etwas Oregano bestreuen.

Falls die Zeit knapp ist, können Sie auch einfach gekauftes Kichererbsenmus (Hummus) verwenden.

Mandel-Leinsamen-Cracker

Ergibt 8 Portionen

2 kleine rote Zwiebeln
70 g Mandeln
70 g Leinsamen
2 EL Miso (Sojabohnenpaste)
1 TL Knoblauchpulver
1 TL gemahlener Kreuzkümmel
frisch gemahlener schwarzer Pfeffer
1 TL Meersalz

1 Backblech, mit Backpapier ausgelegt

Von allen Rezepten in diesem Buch habe ich dieses wohl am häufigsten zubereitet. Lustigerweise überzeugen diese Cracker sogar die größten Skeptiker. Ich bringe sie gern als kleines Dankeschön zu Essenseinladungen mit oder verschenke sie einfach so. Die Cracker sind eine tolle Alternative zu Brot, wenn Sie etwas Nahrhafteres servieren wollen: Sie schmecken lecker mit einem Dip, mit Gemüsescheiben als Pausenbrotersatz oder über einen Salat gekrümelt. Hat man von diesen Crackern eine Portion im Haus, lässt man die Chipstüte freiwillig links liegen.

Den Backofen auf 180 °C vorheizen.

Die Zwiebeln in sehr dünne Scheiben schneiden und beiseitestellen.

Mandeln in einer Küchenmaschine fein mahlen und in eine Schüssel füllen. Die Leinsamen in die Küchenmaschine geben und ebenfalls fein mahlen.

Mandeln zu den Leinsamen in die Küchenmaschine geben. Zwiebeln mit Miso, Knoblauchpulver, Kreuzkümmel, Salz und 1 Esslöffel Wasser zugeben. Mit Pfeffer würzen. Alle Zutaten zu einem glatten Teig verarbeiten.

Teig auf das vorbereitete Backblech streichen. Mit einem zweiten Bogen Backpapier bedecken und mit einem Teigroller ca. 1 cm dick ausrollen.

Im vorgeheizten Ofen 16–18 Minuten backen, bis die Teigmitte nicht mehr weich ist. Herausnehmen, etwas abkühlen lassen, dann zum Servieren in Stücke brechen.

Ofentortillas mit Nektarinen-Tomaten-Salsa

Ergibt 6–8 Portionen

10–12 Maistortillas
1 TL Meersalz

Für die Salsa
1 reife Nektarine
500 g Cocktailtomaten
1/2 frische Jalapeño-Chilischote
   (nach Belieben)
1/2 rote Zwiebel
3 EL frisch gehackter Koriander
1 TL Chilipulver
1 Limette
2 EL Apfelessig

2 Backbleche, mit Alufolie ausgelegt

Tortillachips mit Salsa sind DIE Knabberei mit extrem hohem Suchtpotenzial – und bei diesem Rezept gibt es auch keinen wirklich guten Grund aufzuhören. Wenn Sie mich fragen, ist es eine der leckersten Kombis, die je erfunden wurden, und Sie können zudem ziemlich sicher sein, dass Sie nur Gesundes essen. In der Salsa versteckt sich kein überflüssiger Zucker, weil sie durch die Nektarine süß genug ist, und die Chips werden nicht frittiert, sondern im Ofen gebacken und mit keinem Cocktail aus E-Nummern überzogen. Knabberspaß ohne Reue also!

Den Backofen auf 180 °C vorheizen.

Tortillas auf einem Schneidebrett stapeln und achteln. Die Tortillastücke auf den vorbereiteten Blechen verteilen und mit Salz bestreuen.

Tortillastücke im vorgeheizten Ofen nacheinander 13 Minuten backen. Dabei immer nur ein Blech in den Ofen schieben, da das untere Blech sonst nicht genug Hitze bekommt. (13 Minuten ist übrigens exakt die goldene Zeit: Bleiben die Tortillas länger im Ofen, werden sie zu hart – unter 13 Minuten im Ofen werden sie nicht knusprig genug.)

Für die Nektarinen-Tomaten-Salsa
Nektarine, Tomaten, und, falls verwendet, Jalapeño-Chilischote waschen, putzen und fein würfeln. Zwiebel schälen und ebenfalls fein würfeln. Mit den restlichen Zutaten in einer Schale vermengen.

Die Hälfte der Mischung in einer Küchenmaschine glatt pürieren und dann wieder unter die stückige Mischung rühren. Dadurch erhält die Salsa die perfekte Konsistenz: glatt und leicht auf die Chips zu laden, aber doch noch mit Stückchen, sodass man alle Geschmackskomponenten genießen kann.

Schon gewusst?
Ich empfehle das Teilpürieren auch bei Suppen aus Hülsenfrüchten und Gemüse. Wenn die Suppe fertig gekocht ist, püriere ich die Hälfte in einem Mixer und binde damit den stückigen Rest.

Pikante Masala-Grünkohlchips

Ergibt 2–4 Portionen

1 Grünkohl
1 große Tomate
3 getrocknete Tomaten (nicht in Öl eingelegt und ohne Zuckerzusatz)
1/2 TL Paprikapulver
1/4 TL gemahlener Kreuzkümmel
1 Msp. Cayennepfeffer
1 Prise frisch gemahlener schwarzer Pfeffer
1 Prise Meersalz

1 Backblech, mit Alufolie ausgelegt

Grünkohlchips (auch Kale-Chips) sind eine weitaus gesündere Alternative zu industriell hergestellten Snacks als Kartoffelchips oder Popcorn. In der Veggie-Szene sind sie absolut angesagt. Oft werden die Chips mit gehackten Cashewkernen überzogen. Das macht sie aber schwerer und kalorienreicher als nötig, finde ich. Zudem können Cashewkerne zusammen mit Grünkohl die Bildung von Hefekeimen im Körper fördern. Deshalb lasse ich Cashewkerne bei meinen Chips weg.

Grünkohl zählt im Übrigen mit zum Besten, was Sie Ihrem Körper antun können. Chips daraus zu machen ist eine clevere Lösung, um das Grüngemüse auf vergnügliche Weise in die Ernährung einzubauen. Meine Grünkohlchips schmecken würzig, knusprig und leicht, sodass man bei einem guten Film leicht eine ganze Portion wegfuttern kann – ohne ein schlechtes Gewissen zu bekommen wie bei den meisten anderen Knabbereien.

Die offensichtliche Alternative für einen nussbasierten Überzug ist Olivenöl, das prima mit etwas Salz schmeckt. Ich wollte aber eine völlig fettfreie Variante, damit selbst Menschen, die streng Diät halten (müssen), unbeschwert zugreifen können. Meine Idee war, es mit einem Überzug auf Tomatenbasis zu versuchen. So entstand diese Masala-Kombination.

Den Backofen auf 200 °C vorheizen.

Grünkohl putzen, die Blätter in kleine Stücke zupfen und in ein Sieb geben. Waschen und sorgfältig trocken tupfen. In eine große Schüssel geben.

Tomate waschen, putzen und in Viertel schneiden. Tomatenstücke und getrocknete Tomaten in einer Küchenmaschine glatt pürieren, dabei die Masse immer wieder von den Gefäßwänden nach unten schaben. Die Menge sieht zwar nach nicht viel aus, aber sie soll dem Grünkohl ja lediglich Geschmack verleihen und nicht die Stücke ganz einhüllen.

Paprikapulver, Kreuzkümmel und Salz einarbeiten. Mit Cayenne- und schwarzem Pfeffer würzen, je nachdem, wie pikant die Chips werden sollen. Die Masse nochmals pürieren, dann über die Grünkohlstücke geben. Von Hand sorgfältig vermengen.

Kohlstücke auf dem vorbereiteten Blech verteilen und im vorgeheizten Ofen bei leicht geöffneter Tür 14–16 Minuten backen, bis sie papierdünn und knusprig sind. Sofort servieren. Die Chips halten sich aber auch in einem luftdichten Behälter 4–5 Tage bei Raumtemperatur.

Grüne Bohnen im Sesammantel

Ergibt 4–6 Portionen

ca. 24 grüne Bohnen
1 EL gemahlene Leinsamen
3 EL Tamari (Sojasauce)
1 EL Agavendicksaft
60 g Sesamsaat

1 Backblech, mit Backpapier oder Alufolie ausgelegt

Als ich erstmals meine grünen Bohnen mit einer knusprigen Sesamhülle als Partysnack anbot, wurde ich den Gedanken einfach nicht los, dass es diese geniale Kombination bereits als bekanntes Hors d'œuvre geben müsse. Ich forschte nach, aber dem ist wohl nicht so. Diese Bohnen im Sesammantel sind eine extravagante Knabberei für Partygäste – und perfekt als Vorspeise, wenn man ein asiatisches Gericht servieren möchte.

Den Backofen auf 180 °C vorheizen.

Bohnen waschen und putzen. Sollen die Bohnen als Fingerfood serviert werden, sollten sie besser halbiert werden, damit man sie mit einem Bissen essen kann. Andernfalls die Bohnen ganz lassen.

Leinsamen, Tamari und Agavendicksaft in einer großen Schüssel mit einer Gabel aufschlagen, bis die Mischung leicht eindickt. Den Sesam in eine zweite große Schüssel geben.

Die Bohnen einzeln erst in die Marinade geben, dann im Sesam wenden. Bohnen nebeneinander auf das vorbereitete Backblech legen.

Bohnen im vorgeheizten Ofen ca. 12 Minuten garen. Sie sollten außen weich, innen aber noch knackig sein.

Schon gewusst?
Den Nährstoff Betakarotin verknüpfen wir mit orangefarbenem Gemüse wie Karotten, Süßkartoffeln, Melonen und Mangos. Weniger bekannt ist, dass die meisten grünen Gemüsesorten ebenfalls wertvolle Quellen für dieses wichtige Antioxidans sind. Der Grund, dass man ihnen das nicht ansieht, ist ihr hoher Chlorophyllgehalt, der das Orange des Betakarotins überdeckt und das Gemüse eben grün färbt. Grüne Bohnen, aber auch Grünkohl, Spinat, grüner Spargel, Brokkoli und grüne Chilischoten sind gute Beispiele dafür. Betakarotin ist wichtig, weil es im Körper in Vitamin A umgewandelt wird, das wir für unser Immunsystem und zur Infektionsabwehr, für ein gesundes Zell- und Schleimhautwachstum und – für unsere äußere Schönheit – für gesunde Haut, Haare und Nägel benötigen.

Kinosnacks, neu aufgelegt

Ergibt 1 Portion

Für das Masala-Popcorn
1 EL Popcornmais
1 EL Chaat Masala (zum Selbermachen: je 1 Prise Garam Masala, gemahlenen Kreuzkümmel, gemahlene Fenchelsamen, gemahlenen Ingwer, schwarzen Pfeffer und Paprikapulver mischen)
1/2 TL Meersalz

Für die Zitronenbrause
500 ml Mineralwasser mit Kohlensäure
frisch gepresster Saft von 1/2 Zitrone
1 TL Xylitol oder Stevia

Eiswürfel zum Servieren

Als Kind habe ich keine Brause getrunken, und bis ich elf Jahre alt war, wusste ich nicht einmal, was Coca-Cola ist. Erst bei einer Freundin lernte ich jeden erdenklichen Softdrink des Planeten kennen. Bei ihr zu Hause durften wir den ganzen Tag Filme gucken und aßen dazu Knabberkram. Überflüssig zu sagen, dass meine Schwester und ich so oft wie möglich dort hingingen. Die Großmutter meiner Freundin, die im selben Haus lebte, bereitete uns riesige Portionen Popcorn zu, die wir vor dem Fernseher futterten. Und weil sie aus Indien stammte, würzte sie das Popcorn mit Chaat Masala, einer Mischung aus ihrem Gewürzregal. Ich liebte dieses Gewürz. Meine Lieblingskombination war Chaat-Masala-Popcorn mit eiskalter Sprite – salzig-würzig und süß. Heute gibt es bei mir nur die gesunde Version: selbst gemachtes Popcorn ohne Fett und Brause ohne klebrigen Zucker.

Für das Masala-Popcorn
Maiskörner in einen beschichteten Topf bei mittlerer Hitze auf den Herd stellen. Den Deckel aufsetzen. Sobald die Maiskörner aufplatzen, die Hitze auf kleine Stufe reduzieren. Wenn nach 40–60 Sekunden keine Geräusche mehr zu hören sind, den Topf vom Herd nehmen. Popcorn im Meersalz und Chaat Masala wenden und in eine große Schüssel füllen. Sie haben die Erlaubnis, die ganze Schüssel selbst zu essen!

Für die Zitronenbrause
Ein paar Eiswürfel in ein großes Glas geben. Mineralwasser und Zitronensaft zugießen. Nach Belieben mit Xylitol oder Stevia süßen und umrühren.

Popcorn-Variationen
Basilikum und Oregano: 1 TL Olivenöl mit den Maiskörnern in den Topf geben. Wie oben beschrieben zubereiten. Je 1 EL getrocknetes Basilikum und Oregano unter das Popcorn mischen.
Käse und Trüffel: 1 TL Trüffel-Olivenöl mit den Maiskörnern in den Topf geben. Wie oben beschrieben zubereiten. Topf vom Herd nehmen und 3 TL Nährhefe untermischen; verleiht dem Popcorn ein leichtes Käsearoma.
Süßes Popcorn: 1 TL Kokosöl, gemischt mit 1 TL Vanillearoma, mit den Maiskörnern in den Topf geben. Wie oben beschrieben zubereiten. Topf vom Herd nehmen und eine großzügige Prise gemahlenen Zimt untermischen.

Gebrannte Nüsse im NYC-Style

Ergibt 6 Portionen

2 EL Kokosöl
2 EL Agavendicksaft (ich bevorzuge hier Agavendicksaft, weil er klebriger ist als andere flüssige Süßungsmittel)
1 TL frisch geriebene Muskatnuss
350 g gemischte Nüsse (z. B. Cashewkerne, Erdnüsse, Haselnüsse, Sojanüsse) und nach Belieben Mandeln
2 EL Xylitol, Stevia oder ein anderes körniges Süßungsmittel
1/2 TL Pfeilwurzelmehl oder Maisstärke
50 g Mandelmehl

1 Backblech, mit Alufolie ausgelegt

Eine meiner Erinnerungen an New York City ist der süße Duft von gebrannten Nüssen, der einem an fast jeder Straßenecke um die Nase weht. Ich liebe diesen Duft so sehr, dass ich mir unlängst eine Tüte voll gebrannter Nüsse nur deswegen kaufte. Daraufhin bereitet ich mir meine eigene gesunde Variante der gebrannten Nüsse zu. Sie kommt dem Original recht nah. Allerdings besteht die Knusperhülle, die klassische gebrannte Nüsse ausmacht, in meinem Rezept aus fein gemahlenen Mandeln und nicht aus Zucker.

Den Backofen auf 200 °C vorheizen.

Kokosöl in einem mittleren Topf zerlassen. Den Topf vom Herd nehmen und das Fett einige Minuten abkühlen lassen, dann Agavendicksaft und Muskatnuss unterrühren.

Die Nüsse und Mandeln zugeben und sorgfältig in der Mischung wenden, bis sie vollständig überzogen sind. Dann mit einem Schaumlöffel in eine Schüssel heben. Den im Topf verbliebenen Sirup beiseitestellen.

Süßungsmittel und Pfeilwurzelmehl oder Maisstärke in einer Küchenmaschine pulvrig fein mahlen. Mit dem Mandelmehl mischen und über die Nüsse und Mandeln streuen. Diese sorgfältig in der Mandelmischung wenden und dann auf dem vorbereiteten Backblech verteilen. Nüsse und Mandeln mit dem restlichen Sirup beträufeln und darin wenden.

Im vorgeheizten Ofen ca. 30 Minuten backen. Vor dem Servieren 5 Minuten abkühlen lassen. Die gebrannten Nüsse und Mandeln halten sich in einem luftdichten Behälter bis zu 5 Tage.

Bombay-Knabbermischung

Ergibt 8 Portionen

3–4 EL Erdnussöl oder Mandel-, Kokos- oder Traubenkernöl
70 g gelbe Spalterbsen, gepalt
40 g Cashewkerne
40 g Erdnüsse
40 g Kürbiskerne
100 g ungesüßte Cornflakes
3 EL ungesüßte Kokoschips
3–4 getrocknete Mangostreifen, fein gehackt
2 EL Rosinen
1/2 TL gemahlener Kreuzkümmel
1/4 TL Paprikapulver
1 TL gemahlene Kurkuma
1/2 TL Meersalz
1/2 TL Zwiebelpulver
2 TL Worcestersauce (ich bevorzuge die vegane Variante)
frisch gepresster Saft von 1 Limette
1 frische grüne Chilischote, entkernt und in feine Streifen geschnitten

Wer kann schon die Finger von einem Schälchen mit knusprigem Salzgebäck lassen? Diese Mischung hier war die bevorzugte Teatime-Knabberei meiner Mutter und hat daher unausweichlich Karriere in unserer Familie gemacht. Es ist schwer, ihr zu widerstehen.

Bei meiner gesunden Version muss man kein schlechtes Gewissen haben, wenn man zugreift, und fühlt sich nach dem Knabberspaß nicht vollgestopft.

Die Zutatenliste ist etwas länger, sollte Sie aber nicht abschrecken. Die ganze Vorbereitung dauert lediglich 10 Minuten – und wenn Sie die ein oder andere Zutat nicht im Haus haben, lassen Sie sie einfach weg.

Das Öl in einem Topf bei mittlerer Hitze auf den Herd setzen. Erbsen, Cashewkerne, Erdnüsse und Kürbiskerne einige Minuten anbraten, bis die Erbsen weich werden. Die Cornflakes zufügen und schwenken, bis sie knusprig sind.

Die restlichen Zutaten zufügen. Falls die Mischung zu trocken wird, mit 1 EL Wasser beträufeln. Gut umrühren. Dann Topf vom Herd nehmen und verbleibende Flüssigkeit oder Öl abtropfen lassen.

Mischung abkühlen lassen. Bis zum Servieren in einem luftdichten Behälter im Kühlschrank lagern. Die Mischung hält sich bis zu 1 Woche. Wenn die Zutaten nach ein paar Tagen aufweichen, kurz im Ofen rösten.

Gelbe Spalterbsen

Erdnüsse

Cashewkerne

Kürbiskerne

Kokoschips

Getrocknete Mango

Cornflakes

FÜR PARTYS

Jalapeño-Zwiebelringe

Ergibt ca. 35 Stück

3 EL gemahlene Leinsamen
170 g feiner Maisgrieß
150 g glutenfreie Cracker, zerkrümelt
1 große frische Jalapeño-Chilischote (wenn die Ringe nicht so scharf werden sollen, die Schoten vorher entkernen), fein gehackt
1/2 TL Meersalz
frisch gemahlener schwarzer Pfeffer
2 große Zwiebeln, in dicke Scheiben geschnitten

2 Backbleche, mit Alufolie ausgelegt

Zwiebelringe sind für mich wie eine Zeitreise in das Amerika der 1950er-Jahre. Man darf die Bedeutung nicht unterschätzen, in welche Stimmung wir durch Essen versetzt werden. Bevor wir etwas schmecken, beeinflusst unsere Erwartung bereits den Geschmack. Der Spaß beim Essen sollte daher nie zu kurz kommen!

Den Backofen auf 220 °C vorheizen.

Leinsamen und 175 ml Wasser in einer Schale verrühren und quellen lassen. Grieß, Crackerkrümel, Chilischote, Salz und Pfeffer zum Abschmecken in einer breiten Schüssel vermengen.

Zwiebelscheiben in einzelne Ringe trennen. Erst in die Leinsamenmischung tauchen, dann in der Grießpanade wenden. Vorgang wiederholen, sodass jeder Zwiebelring doppelt paniert ist.

Zwiebelringe auf den vorbereiteten Blechen verteilen und im vorgeheizten Ofen 8–12 Minuten backen, bis sie leicht gebräunt und durchgegart sind. Mit Ketchup (siehe unten) servieren.

Gesunder Ketchup

Ergibt ca. 250 ml

250 ml passierte Tomaten
1 TL Selleriesalz oder Frischkräuter-Meersalz zzgl. Salz zum Abschmecken
1/2 TL Knoblauchpulver
1 TL Zwiebelpulver
1 EL Xylitol zzgl. Xylitol zum Abschmecken
1 EL Apfelessig
4 TL Maisstärke

Als Kind ertränkte ich alles auf meinem Teller am liebsten in Ketchup: Nudeln, Brot und Gemüse. Den Geschmack von Ketchup liebe ich noch immer, aber heute bin ich schlauer. Ich weiß, dass handelsüblicher Ketchup eine Zuckerbombe ist. Zum Glück kann man gesundes Ketchup einfach selbst herstellen. Ich habe immer eine Portion im Kühlschrank und esse meinen Ketchup zu panierten Zucchini (Seite 76), sautierten Pilzen oder Jalapeño-Zwiebelringen (siehe oben).

Tomaten, Salz, Knoblauch- und Zwiebelpulver, Xylitol und Essig in einem Topf verrühren und bei mittlerer Hitze 15 Minuten sanft garen lassen. Die Maisstärke mit 2 EL Wasser in einer Schale anrühren.

Tomatenmischung mit weiterem Salz und/oder Xylitol würzen. Topf vom Herd nehmen und die angerührte Stärke unterrühren, sodass die Masse ketchupartig eindickt. In eine sterilisierte Flasche abfüllen. Hält sich im Kühlschrank bis zu 1 Woche.

Panierte Zucchini

Ergibt 3–4 Portionen

2 große Zucchini
80 ml Mandelmilch
40 g Quinoamehl
40 g gemahlene Leinsamen
1 TL Knoblauchpulver
1/2 TL Zwiebelpulver
1/2 TL frisch gemahlener schwarzer Pfeffer
1/2 TL Meersalz

1 Backblech, mit Backpapier ausgelegt

Ich kenne niemanden, der bei frittierten Zucchinischeiben, wie sie in italienischen Restaurants als Beilage serviert werden, nicht schwach wird. Ich mag den Geschmack von Frittiertem eigentlich nicht besonders, aber wenn ich erst mal eine von diesen Gemüsescheiben probiert habe, gibt es kein Halten mehr.

In meiner Rezeptversion werden die Zucchini nicht frittiert, sondern im Ofen gebacken – und ihr Nährwert wird durch die Zugabe von Omega-3-Fettsäuren in Form von gemahlenen Leinsamen verbessert. Genießen Sie die gesunden Zucchini als Snack oder Beilage. Für eine pikante Variante ersetzen Sie Zwiebelpulver und schwarzen Pfeffer durch Cayennepfeffer.

Den Backofen auf 220 °C vorheizen.

Zucchini waschen, putzen und in dünne Scheiben schneiden. Die Mandelmilch in einen tiefen Teller füllen. Für die Panade alle anderen Zutaten bis auf die Zucchinischeiben in einer großen Schüssel sorgfältig verrühren.

Zucchinischeiben einzeln erst in die Mandelmilch tauchen, dann in der Würzpanade wenden, bis sie vollständig eingehüllt sind. Scheiben auf dem vorbereiteten Blech verteilen.

Zucchini im vorgeheizten Ofen 30 Minuten backen, dabei nach der Hälfte der Zeit wenden. Vorsicht: Die Scheiben verbrennen schnell, daher nicht aus den Augen lassen. Zucchini entweder direkt aus dem Ofen oder kalt servieren. In einem luftdichten Behälter sind sie bis zu 3 Tage haltbar.

Blumenkohl kreolisch

Ergibt 3–4 Portionen

1 großen Blumenkohl, in ca.
    1 cm große Röschen zerteilt
2 EL Rübenkraut, Melasse
    oder reiner Ahornsirup
4–5 EL passierte Tomaten oder
    1 EL Tomatenmark, mit
    4 EL Wasser verrührt
1 TL Cayennepfeffer
2 TL Paprikapulver
1 TL gemahlener Kreuzkümmel
½ TL getrockneter Thymian
½ TL Knoblauchpulver
1 TL Meersalz
frisch gemahlener schwarzer Pfeffer

1 Backblech, mit Backpapier ausgelegt

Bei Rohkostlern kommt „Blumenkohlpopcorn" immer mehr in Mode. Das Prinzip ist, kleine Stücke Kohl zu trocknen, bis sie knusprig wie Popcorn sind. Ich habe das „Popcorn" ein paarmal mit Salz und/oder Nährhefe gewürzt, hatte aber das Gefühl, dass es ein bisschen lasch schmeckt. Da kam mir der Gedanke, den Kohl in kreolischer Gewürzmischung zu wenden. Das funktionierte ausgezeichnet! Für dieses „Popcorn" muss man allerdings ein wenig Zeit einplanen, denn der Blumenkohl trocknet einige Stunden lang im Backofen – oder im Dörrapparat.

Den Backofen auf 115 °C (möglichst Umluft) vorheizen.

Kohlröschen sorgfältig waschen, abtropfen und in eine große Schüssel geben. Alle restlichen Zutaten in einer Schale mischen. Den Kohl mit der Gewürzmischung bestäuben und sorgfältig darin wenden. Kohlröschen auf dem vorbereiteten Blech verteilen und im vorgeheizten Ofen ca. 6 Stunden garen, bis sie trocken und knusprig sind.

Zum Dippen & Stippen

Wenn der Magen knurrt und Sie in Versuchung geraten, ein Stück Brot in eine fette Käsecreme zu tunken – stopp! Denn wenn Sie erst einmal Textur, Farbe und Aromenvielfalt Ihrer eigenen, selbst gemachten Snacks und Dips entdeckt haben, dann werden Sie bei fertig gekauften nur noch die Nase rümpfen. Frische Früchte und Gemüse lassen sich kreativ in farbenfrohe Dips und nährstoffreiche Alternativen zu Brot, Cracker und Chips verwandeln. Blättern Sie sich durch die folgenden Seiten: Sie werden Rezepte für köstliche Guacamole, knackige Salat-Wraps mit Chilisauce oder Quinoa Maki mit Sojasauce kennenlernen.

Mango-Avocado-Rollen mit Limettendip

Ergibt 6 Stück

6 Reisblätter
1 weiche Avocado, in Streifen geschnitten
2 Mangos, geschält, in Streifen geschnitten
1 kleine Handvoll Alfalfasprossen
1 Handvoll Erbsensprossen
3 gehäufte EL gehackter Koriander
1 Handvoll Brunnenkresse oder gemischter Salat
1 kleine Handvoll Cashewkerne (nach Belieben)
1 Limette

Für den Limettendip
1 Limette
2–3 EL Tamari (Sojasauce)
1 EL Balsamicoessig

Ich könnte mich für den Rest meines Lebens ausschließlich asiatisch ernähren. Auch tagtäglich Avocado zu essen (was ich auch tue) fände ich wunderbar. Als ich anfing, Gluten aus meiner Ernährung zu verbannen, lernte ich, Frühlingsrollen auf vietnamesische Art zuzubereiten. Dabei werden die Zutaten in Reispapier eingewickelt und nicht frittiert. Das trifft auch für meine Mango-Avocado-Rollen in diesem Rezept zu.

Neben cremiger Avocado und süßer Mango stecken in diesen Röllchen zudem drei meiner Lieblingszutaten in Sachen Nährwerte: Brunnenkresse, Koriander und Alfalfasprossen.

Brunnenkresse erreicht – ähnlich wie Grünkohl – die ultimative Punktzahl von 1000 auf der ANDI-Skala *(Aggregate Nutrient Density Index)*. Koriander esse ich so gut wie jeden Tag, weil er zu den wenigen Lebensmitteln gehört, die den Körper unterstützen, Schwermetalle wie Quecksilber, Blei und Aluminium, die wir über die Nahrung aufnehmen, auszuscheiden. Sprossen sollten als eigene Lebensmittelgruppe angesehen werden, weil sie bis zu 100-mal mehr Enzyme und ein Mehrfaches an Proteinen und Vitaminen als normales Obst oder Gemüse enthalten.

Eine große Schüssel mit warmem Wasser füllen. Ein Reisblatt hineingeben und 1 Minute einweichen. (Die Blätter unbedingt einzeln einweichen, sonst kleben sie zusammen.) Das Reisblatt zum Abtropfen auf ein sauberes Tuch legen und inzwischen das nächste Reisblatt ins Wasser legen.

Ein Sechstel von Avocado, Mango, Alfalfa- und Erbsensprossen, Koriander, Brunnenkresse und, falls verwendet, Cashewkernen in einem Streifen auf einer Reisblatthälfte verteilen. Mit Limettensaft beträufeln.

Die Seiten des Reisblatts einschlagen und das Reisblatt fest aufrollen. Mit den restlichen Zutaten ebenso verfahren.

Für den Limettendip
Limettensaft, Sojasauce und Essig in einer Schale verrühren.

Zum Servieren die Rollen schräg halbieren und in den Dip tunken.

Dip aus schwarzen Bohnen

Ergibt ca. 250 ml

2 TL natives Olivenöl extra
1/4 Zwiebel, gewürfelt
1 Tomate, gewürfelt
1 Dose (400 g) schwarze Bohnen, gut abgetropft
2 TL frisch gehackter Koriander
1 TL gemahlener Kreuzkümmel
1 Prise frisch gemahlener schwarzer Pfeffer
1/2 TL Chilipulver (nach Belieben)
frisch gepresster Saft von 1 Limette
1 Prise Meersalz

2 fein gehackte Frühlingszwiebeln zum Servieren

Ich habe in meinem Leben schon viele Schwarze-Bohnen-Dips probiert. In Restaurants werden sie oft recht lieblos mit saurer Sahne serviert, damit sie mehr Geschmack bekommen. Schwarze Bohnen aber haben Besseres verdient! Sie enthalten große Mengen Antioxidantien und sind ballaststoff- und eiweißreich.

In meiner Dip-Version verwende ich die Zwiebeln und Tomaten gedünstet und nicht roh. Das macht den Dip so lecker und verführerisch – und bereits der Gedanke daran lässt mir das Wasser im Mund zusammenlaufen. Servieren Sie die schwarzen Bohnen mit Paprika, Blumenkohlröschen oder gebackenen Tortillachips (Seite 62). Für eine Mahlzeit nach mexikanischer Art reichen Sie sie zu Salsa, Avocado und glutenfreiem Getreide wie Quinoa, Naturreis oder Hirse. Sie können mit dem Dip auch einen Vollkorn-Wrap mit einer Füllung nach Wahl zubereiten.

Die Hälfte des Olivenöls in einem Topf erhitzen. Zwiebel und Tomate zugeben und darin bei mittlerer Hitze garen, bis sie weich und die Zwiebel gebräunt ist. Vom Herd nehmen und einige Minuten abkühlen lassen.

Zwiebel und Tomate zusammen mit den Bohnen, Koriander, Kreuzkümmel, Salz, Pfeffer und Chilipulver, falls verwendet, nach Belieben mehr oder weniger glatt pürieren. Dip mit Limettensaft beträufeln und in eine Servierschale füllen. Mit dem restlichen Olivenöl und Frühlingszwiebeln garnieren.

Weißer-Bohnen-Dip mit Knoblauch

Ergibt ca. 250 ml

2 Knoblauchzehen, ungeschält
1 Dose (400 g) weiße Bohnen, z. B. Cannellini-Bohnen
1 EL frisch gepresster Zitronensaft
1 TL getrockneter Oregano
1/2 TL getrockneter Rosmarin
4 EL natives Olivenöl extra
1/2 TL Meersalz

Als Butterersatz dick auf Krustenbrot gestrichen, ist dieser Dip unschlagbar: cholesterinfrei, kalorienarm und herzhaft im Geschmack. Für eine komplette Mahlzeit können Sie einen Klacks davon auf gedünsteten Spinat mit Quinoa geben oder eine Ofensüßkartoffel damit füllen und mit einem Rucolasalat servieren. Der Dip schmeckt auch ganz köstlich zu Rohkost.

Den Backofengrill vorheizen.

Knoblauchzehen auf ein Backblech legen und unter dem vorgeheizten Grill 2–3 Minuten grillen, bis sie geröstet sind. Knoblauchzehen abziehen und mit den Bohnen, Zitronensaft, Salz, Oregano, Rosmarin und 3 EL Olivenöl glatt pürieren. In eine Servierschale füllen und mit dem restlichen Öl beträufeln.

Würziges Mandelpesto

Ergibt ca. 250 ml

je 20 g frischer Blattspinat, frische Minzeblätter, Petersilie und Koriander
30 g blanchierte Mandeln
6 EL natives Olivenöl extra zzgl. Öl zum Konservieren
1 Kaffirlimettenblatt (oder 1 Stängel Zitronengras)
frisch gepresster Saft von 1 Limette
fein abgeriebene Schale von 1 Zitrone
1 Knoblauchzehe
1 Prise Meersalz

Traditionell wird Pesto ja mit Basilikum, Pinienkernen und Parmesan zubereitet. Meine Version ist käsefrei und enthält eine Kräutermischung und Mandeln anstelle der klassischen Zutaten. Sein zitronig-frisches Aroma rührt vom Kaffirlimettenblatt und der Zitronenschale her, die diesem gesunden Pesto ein eher asiatisches denn italienisches Aroma verleihen. Als Ersatz für Kaffirlimette können Sie auch Zitronengras verwenden.

Dieses Pesto eignet sich als Marinade für Fisch oder Tofu, als Sauce für Nudeln mit Pak-Choi oder Wok-Gemüse.

Alle Zutaten in eine Küchenmaschine geben und zu einer glatten Paste pürieren. Pesto in ein Schraubglas füllen und, falls nicht sofort serviert, zum Konservieren mit einer Schicht Olivenöl abdecken.

Leichte Guacamole

Ergibt ca. 250 ml

1 große Avocado, entsteint
100 g Erbsen (ich bevorzuge frische Erbsen, aufgetaute TK-Ware ist aber auch o.k.)
1/2 rote Paprika, entkernt
2 Tomaten
1/4 kleine Zwiebel
1 Knoblauchzehe
1 große Handvoll Koriander
frisch gepresster Saft von 1/2 Limette
1 EL frisch gepresster Zitronensaft zzgl. Saft zum Konservieren

Zwar stecken auch in traditioneller Guacamole nur gesunde Zutaten. Doch enthält sie eben auch sehr viel Fett und Kalorien, weshalb man wiederum nicht zu viel davon essen sollte. Vorsicht also: Ehe man sichs versieht, ist die ganze Schale Guacamole leer geschleckt, weil sie so lecker schmeckt. Meine Alternative ist kalorienärmer, weil sie eine ordentliche Portion frische Erbsen und extra Gemüse enthält. So bleibt die cremige Textur erhalten, während die Guacamole gleichzeitig fettreduzierter ist.

Gemüse waschen, putzen und grob zerteilen. Zwiebel und Knoblauch schälen. Alle Zutaten in eine Küchenmaschine geben und glatt pürieren. In eine Servierschale füllen und sofort servieren oder die Oberfläche mit Zitronensaft beträufeln, damit die Guacamole nicht braun wird, und im Kühlschrank aufbewahren.

Mangoldrollen mit Erdnusssauce

Ergibt 4 große Rollen

4 große Mangoldblätter (auch gelb- bzw. rotstieliger Mangold)
1/2 Weiß- oder Rotkohl, fein gehobelt
2 Karotten, gerieben
1 Orange, halbiert
4 EL Sonnenblumenkerne
1 EL Tamari (Sojasauce)

Für die Erdnusssauce
4 EL Erdnusscreme
1 Knoblauchzehe, zerdrückt
1 TL frisch geriebener Ingwer oder 1 Prise gemahlener Ingwer
2 EL Sesamöl
2 Rotweinessig
frisch gepresster Saft von 1 Limette
1/2–1 TL Chilipulver (nach Belieben)

Lassen Sie die Finger von Weizenfladen! Greifen Sie für Ihre Wraps stattdessen zu nährstoffreichen, süßlichen Mangoldblättern. Sie können sie mit den Zutaten aus meinem Guacamole-Rezept (Seite 84) oder der Nektarinen-Tomaten-Salsa (Seite 62) füllen.

Mangoldblätter gründlich waschen und mit Küchenpapier gut trocken tupfen. Die Blätter mit der Oberseite nach unten auf ein Schneidebrett legen und, falls nötig, den Strunk herausschneiden, damit sich das Blatt besser aufrollen lässt.

Kohl und Karotten in eine Schüssel geben. Eine Orangenhälfte schälen, in kleine Stücke schneiden und zum Gemüse geben. Den Saft der anderen Hälfte über dem Gemüse auspressen.

Die Sonnenblumenkerne in einer beschichteten Pfanne bei mittlerer Hitze unter gelegentlichem Rütteln trocken rösten, bis sie leicht gebräunt sind. Wenn Sie es eilig haben, können Sie diesen Schritt auch weglassen. Allerdings erhält der Wrap durch das Rösten der Kerne ein volleres Aroma. Sonnenblumenkerne und Sojasauce zum Gemüse geben und alles vermengen.

Je ein Viertel der Gemüsemischung auf das untere Ende der Mangoldblätter geben. Die Seiten einschlagen und die Blätter schmal aufrollen.

Für die Erdnusssauce
Alle Zutaten in eine Schüssel geben und glatt verrühren.

Zum Servieren die Mangoldrollen schräg halbieren und entweder in die Erdnusssauce tunken oder die Schnittfläche mit der Erdnusssauce beträufeln.

ZUM DIPPEN & STIPPEN

Edamame-Miso-Dip

Ergibt ca. 250 ml

200 g frische gehäutete Edamamebohnen oder aufgetaute TK-Ware
3 EL süßes helles Miso (Sojabohnenpaste)
1 EL natives Olivenöl extra
1 EL Tamari (Sojasauce)
1 TL Wasabi

einige Edamamebohnen zum Garnieren

Besonders gern mag ich Kichererbsenmus (Seite 59) und könnte es jeden Tag essen. Hinsichtlich der Nährstoffe wäre es allerdings auf Dauer nicht besonders abwechslungsreich. Daher habe ich mit Dips auf Bohnenbasis experimentiert und auch Edamame – unreif geerntete Sojabohnen – verwendet. Sie werden meiner Meinung nach unterschätzt, obwohl sie voller Calzium stecken und eine der wenigen pflanzlichen Quellen für Omega-3-Fettsäuren sind.

Mit diesem Rezept verwerte ich Edamamebohnen auf leckere Weise. Ich serviere diesen Dip mit Rohkost oder in einem Sandwich mit Avocado, Gurke, Karotten und Ingwer.

Bohnen in eine Küchenmaschine geben und mit 1 EL Wasser glatt pürieren. Die restlichen Zutaten nach und nach einarbeiten.

Püree in eine Servierschale füllen und mit einigen Bohnen garnieren. Der Dip hält sich in einem luftdichten Behälter bis zu 5 Tage im Kühlschrank.

Hummus aus Zucchini

Ergibt ca. 250 ml

2 Zucchini
80 ml Tahini (Sesammus)
2–3 Eiswürfel
1 Knoblauchzehe
frisch gepresster Saft von 1/2 Zitrone zzgl. Zitronensaft zum Konservieren
1 TL geräuchertes Paprikapulver *(Pimentón de la Vera picante)*
1 EL natives Olivenöl extra
1 Prise Meersalz

Wenn Sie es puristisch lieben, werden Sie diesen Dip vielleicht nicht ganz so überzeugend finden wie echtes Hummus (Kichererbsenmus), aber er ist eine absolut schmackhafte Abwechslung. Weil er ganz ohne Hülsenfrüchte zubereitet wird, ist er eine Alternative für alle, die mit der Verdauung von Hülsenfrüchten Probleme haben. Den Trick mit den Eiswürfeln hat mir jemand verraten, der vom Hummusmachen wirklich etwas versteht. Durch die Eiswürfel wird die Textur des Muses verbessert.

Wenn Ihr Dip annähernd die Farbe von traditionellem Hummus haben soll, schälen Sie die Zucchini. Ansonsten die Schale dran- und so ein paar Vitamine und Mineralien mehr drinlassen.

Zucchini putzen, waschen und grob hacken. Mit Tahini, Eiswürfeln, Knoblauch, Zitronensaft, Salz und der Hälfte des Paprikapulvers in eine Küchenmaschine geben und glatt pürieren. In eine Servierschale füllen.

Mit dem restlichen Paprikapulver und Olivenöl garnieren und sofort servieren oder mit Zitronensaft beträufeln, damit der Dip nicht braun wird, und in einem luftdichten Behälter bis zu 5 Tage im Kühlschrank aufbewahren.

Auberginen- und Zucchiniröllchen

Ergibt 12–14 Stück

2 große Zucchini
1 große Aubergine
4 TL natives Olivenöl extra
1 TL getrockneter Thymian
75 g Pinienkerne
2 EL Nährhefe
1 EL Tomatenmark
5–6 getrocknete Tomaten
1 EL getrockneter Rosmarin
1 TL getrockneter Majoran
frisch gemahlener schwarzer Pfeffer
1/2 TL Meersalz
1 Handvoll frische Basilikumblätter und 3–4 EL geschälte Hanfsamen zum Bestreuen

2 Backbleche, mit Alufolie ausgekleidet
Cocktailspießchen (nach Belieben)

Diese leckeren kräutergefüllten Röllchen sind die beste Art, die Lust auf italienisches Essen zu befriedigen, ohne Kompromisse an eine gesunde Ernährung einzugehen.

Den Backofengrill vorheizen.

Zucchini und Aubergine waschen, putzen und längs in ca. 1 cm dicke Scheiben schneiden. Nebeneinander auf die vorbereiteten Backbleche legen und die Auberginen dünn mit 1 TL Olivenöl bestreichen. Die Gemüsescheiben mit dem Thymian bestreuen und unter dem Backofengrill ca. 6 Minuten grillen, dabei nach der Hälfte der Zeit wenden. Nicht unbeaufsichtigt lassen, da sie leicht anbrennen. Nach Bedarf die Zucchini vom Blech nehmen und die Auberginen weitere 1–2 Minuten grillen. Herausnehmen und abkühlen lassen.

Restliches Öl, Pinienkerne, Hefe, Tomatenmark, getrocknete Tomaten, Rosmarin, Majoran, Salz und Pfeffer mit 80 ml Wasser in eine Küchenmaschine geben und glatt pürieren.

Die Gemüsescheiben dünn mit der Tomatenpaste bestreichen. Mit Basilikum belegen und mit den Hanfsamen bestreuen. Die Gemüsescheiben aufrollen und, falls nötig, mit Cocktailspießchen feststecken.

Schon gewusst?
Ich werfe nicht gern mit dem Begriff „Superfood" um mich, weil er voraussetzt, dass manche gesunden Lebensmittel besser sind als andere. Die bescheidene Gurke fällt dann aus dem Raster, weil wir unseren Vorratsschrank mit vermeintlich gesünderem Baobab vollstopfen. Die Wahrheit ist aber, dass unser heutiger Wissensstand über die Nährwerte in unseren Lebensmitteln nur die Spitze des Eisbergs darstellt. Die Ernährungswissenschaft ist ein relativ neues Feld, und wir wissen bei Weitem noch nicht bis ins letzte Detail, wie Pflanzenstoffe tatsächlich in unserem Körper wirken.

Nichtsdestoweniger fragen mich Leute immer wieder, ob ich ihnen bestimmte „Superlebensmittel" empfehlen kann, und ich antworte fast immer: Hanfsamen. Sie sind eine sehr gute pflanzliche Quelle für Omega-3-Fettsäuren, von der wir alle mehr vertragen könnten (eindeutige Anzeichen für eine Omega-3-Unterversorgung sind übrigens schlecht durchblutete Ohren, Gelenkschmerzen sowie brüchiges Haar oder Nägel), und enthalten reichlich Eisen, Magnesium und sehr viel Eiweiß (5,5 g/EL). Ihre weiche und doch knusprige Textur macht süchtig. Ich streue sie über Salate, Suppen oder Quinoa.

Gesundes Babaganoush

Ergibt 4–6 Portionen

500–600 g Auberginen
2–3 Knoblauchzehen
60 ml Tahini (ich bevorzuge fettreduzierte Tahini)
1/2 TL gemahlener Kreuzkümmel
4–5 EL frisch gepresster Zitronensaft
2 EL natives Olivenöl
3/4 TL Meersalz

1 Stängel glatte Petersilie und 1 Handvoll Granatapfelkerne zum Garnieren

1 Backblech, mit Alufolie ausgelegt

Libanesisches Essen könnte meine Henkersmahlzeit sein, sage ich oft im Spaß – ein wunderbares Essen, das aus vielen kleinen, leckeren Gerichten zum Teilen und Probieren besteht, sodass man die Kontrolle über die Portionsgröße völlig verliert. Da der Besuch im libanesischen Restaurant bei mir regelmäßig zu einem Fressgelage ausartete, beschloss ich, mir selbst eine kalorienärmere Version von Babaganoush (Auberginenpüree) zusammenzustellen. Ich wollte mich nach dem Essen nicht träge und übersättigt fühlen.

In den libanesischen Auberginenpürees im Restaurant steckt meist ziemlich viel Fett, weil man keinen anderen Geschmacksträger kennt. Für meine Version verwende ich geringe Mengen einer leichten Tahini und nur wenig Olivenöl. Servieren Sie das Auberginenpüree als schnelles und einfaches Gericht mit einem Salat aus Gurken, Tomaten, roten Zwiebeln, Petersilie und Zitronensaft, oder verwenden Sie es als Dip: Ich esse dazu gern Rosmarin-Brotstangen (Seite 56).

Den Backofengrill vorheizen.

Die Schale der Auberginen regelmäßig mit einer Gabel einstechen, damit die Feuchtigkeit beim Grillen austreten kann. Auberginen auf das vorbereitete Backblech legen und 18–20 Minuten unter gelegentlichem Drehen grillen, bis die Haut schwarz wird. Seien Sie nicht besorgt, wenn die Auberginen übergart aussehen. Den Grill nicht ausschalten.

Auberginen herausnehmen und etwas abkühlen lassen, dann unter kaltem Wasser abschrecken und die Haut abziehen. Das Fruchtfleisch in eine Schüssel geben und mit Messer und Gabel in kleine Stücke schneiden. Austretendes Wasser abgießen oder mit Küchenpapier aufsaugen.

Die Knoblauchzehen schälen, auf ein Backblech legen und 2–3 Minuten unter dem Backofengrill bräunen. Nicht unbeaufsichtigt lassen, da sie schnell verbrennen. Knoblauch zerdrücken und unter die Auberginen mischen.

Tahini, Kreuzkümmel und Salz zugeben und gut verrühren. Bis zum Servieren kalt stellen, damit die Masse fester wird.

Kurz vor dem Servieren die Masse in eine Küchenmaschine geben und mit dem Zitronensaft pürieren, bis nur noch wenige gröbere Stücke enthalten sind. In eine Servierschale füllen und mit wenig Olivenöl beträufeln.

Mit Petersilienblättern und Granatapfelkernen garnieren.

Salatschiffchen mit süßer Chilisauce

Ergibt 10–12 Stück

2 Salatherzen

Für die Füllung
2–3 Frühlingszwiebeln
1 Handvoll frischer Koriander
2 große Karotten
1 Granatapfel

Für die Chilisauce
1–2 frische Chillischoten nach Geschmack (2 Chilischoten sind recht scharf!)
1 Knoblauchzehe, zerdrückt
1/2 TL Zwiebelpulver
125 ml Reisessig
2 gehäufte TL Stevia
1 EL Speisestärke
1/2 TL Meersalz

Kaffee- oder Gewürzmühle

Meist besteht mein Mittagessen aus einem großen Salat, der mir ausreichend Schwung für den Nachmittag gibt und leicht verdaulich ist. Allerdings ist es auf Dauer ein wenig langweilig, das Grünzeug immer mit Messer und Gabel aus einer Schüssel zu essen. Unlängst kam mir die Idee, die Salatblätter als „Schälchen" für andere Salatzutaten zu verwenden. Dieses Rezept eignet sich nicht nur für ein leichtes Mittagessen, sondern auch als attraktiver Appetizer für eine Abendeinladung oder eine Party.

Die äußeren, größeren Salatblätter abnehmen, sorgfältig waschen und trocken tupfen. Blätter auf einen großen Teller setzen.

Für die Füllung den restlichen Salat in feine Streifen schneiden und in eine große Schüssel geben. Frühlingszwiebeln waschen, putzen und zusammen mit dem Koriander fein hacken. In die Schüssel geben und alles vermengen. Karotten mit einem Sparschäler in dünne Streifen schneiden und zugeben.

Granatapfel halbieren und in eine große Schüssel kaltes Wasser geben. Fruchtfleisch von Hand auseinanderziehen und die Kerne herauslösen. Die Kerne sinken zu Boden, während das weiße Fruchtfleisch oben schwimmt. Wasser und Fruchtfleisch abgießen, sodass nur die Kerne in der Schüssel bleiben. Abgetropfte Kerne zum Salat geben und alles vermengen.

Die Mischung mit einem kleinen Löffel in die Salatschiffchen füllen – aber nicht zu viel, sonst können die Salatblätter ihre Form nicht mehr halten! Salatschiffchen mit der Chilisauce servieren. Sie werden mit der Hand genommen und in die Sauce getunkt.

Für die süße Chilisauce
Chilischoten in einer Kaffee- oder Gewürzmühle glatt pürieren oder mit einem Messer so fein wie möglich hacken. Für eine weniger scharfe Sauce die Kerne vorher entfernen.

Chillischoten, Knoblauch, Zwiebelpulver, Reisessig, Stevia und Salz mit 125 ml Wasser in einem Topf bei mittlerer Hitze zum Kochen bringen und 8–10 Minuten einkochen.

Speisestärke mit 2 EL Wasser in einem Schälchen anrühren. Hitze auf kleine Stufe reduzieren und die Stärke in die Chilisauce rühren. Einige Minuten weiterrühren, bis die Sauce eingedickt ist.

Quinoa Maki

Ergibt 8 Stück

80 g gekochte Quinoa
2 TL Reisessig
2 Karotten
10-cm-Stück Gurke
1/2 Avocado
2–3 Frühlingszwiebeln
4 Blätter Sushi-Nori
 (ca. 20 x 20 cm)
1 Handvoll Bohnensprossen
1 Handvoll Mikrogemüse, z. B. Mizuna, Erbsensprossen oder Brunnenkresse (nach Belieben)
1 TL schwarze oder weiße Sesamsaat

Tamari (Sojasauce) und Wasabi (Wassermeerrettich) zum Servieren und nach Belieben eingelegter Ingwer

Sushi ist gesund. Das hat sich allgemein herumgesprochen, und mittlerweile kann man die Reisröllchen fast an jeder Ecke kaufen. Schade finde ich nur, dass man ausschließlich traditionelles Sushi mit weißem Reis (üblicherweise wird es mit weißem Zucker zubereitet) angeboten bekommt. Bis endlich der Tag kommt, an dem wir noch gesündere Varianten von Maki und Nigiri beim Japaner bestellen können, probieren Sie einstweilen am besten meine gesunden Quinoa Maki aus.

Mit diesem Rezept lassen sich auch gut Quinoa- oder andere Getreidereste vom Vortag verwerten.

Quinoa in eine Schüssel geben, mit dem Reisessig beträufeln und sorgfältig mischen.

Karotten und Gurke in feine Stifte schneiden und in eine Schüssel geben. Avocado halbieren, die Schale ablösen und das Fruchtfleisch in feine Streifen schneiden. Avocado separat beiseitelegen. Frühlingszwiebeln hacken und in eine kleine Schüssel geben.

Nori-Blätter diagonal halbieren, sodass insgesamt 8 Dreiecke entstehen. Jeweils entlang der Kurzseite der Dreiecke 1 EL Quinoa verteilen. Einige Karotten- und Gurkenstifte, 2–3 Avocadostreifen, einige Sprossen, etwas Mikrogemüse, falls verwendet, und etwas Frühlingszwiebeln – möglichst mittig darauf verteilen. Die Nori-Dreiecke zu Kegeln aufrollen und die Füllung an der Öffnung mit Sesam bestreuen. Mit den restlichen Zutaten ebenso verfahren. Mit Sojasauce, Wasabi und Ingwer, falls verwendet, servieren.

Schon gewusst?
In der makrobiotischen Küche gelten Algen als eigene Lebensmittelgruppe. Sie enthalten viele Nährstoffe, durch die die Pflanzen das wenige Sonnenlicht, das zu ihnen vordringt, absorbieren können. Algen lassen sich nicht nur für Sushi verwenden, sondern auch als Würze in Suppen, trocken zerkrümelt als Salatgarnierung oder – das ist mein absoluter Favorit – in warmen Gerichten mit Getreide und Hülsenfrüchten. Gängige essbare Algen sind Arame, Wakame, Dulse und Kombu.

Zum Naschen

Lust auf Süßes – besonders auf ein Stück Schokolade – hat wohl jeder von uns ab und zu. Wer sich dazu entscheidet, seinen Zucker-, Gluten- und/oder Milchproduktekonsum einzuschränken, geht meistens ganz automatisch davon aus, sich auch von allem Naschwerk verabschieden zu müssen. Falsch gedacht! Dunkle Schokolade, Kokosblütenzucker, Trockenfrüchte, Nüsse, Cornflakes und dazu noch einige clevere Tricks aus der gesunden Küche führen Sie trotz Nahrungsumstellung in ein Süßigkeitenparadies ohne schlechtes Gewissen und Zahnarztbesuche. Auf den folgenden Seiten finden Sie sogar eine einfach und raffinierte Zubereitungsart für Eis – ausschließlich mit gesunden Zutaten!

Mandelmustaler

Ergibt 12 große oder 24 kleine Taler

225 ml Kokosöl
60 g ungesüßtes Kakaopulver
4 EL Agavendicksaft
1 EL Stevia (oder weitere 2 EL Agavendicksaft)
einige Tropfen Vanillearoma
4–5 EL Mandelmus, gekauft oder selbst gemacht (Seite 51)
1 TL Nährhefe
1 Prise Salz (falls das Mandelmus ungesalzen ist)

12er-Muffinform oder 24er-Mini-Muffinform, mit umweltfreundlichen Papierbackförmchen ausgelegt

Diese Mandelmustaler sind eine Abwandlung der klassischen Peanut Butter Cups. Ich liebe zwar die Kombination aus Erdnusscreme und Schokolade in diesem amerikanischen Konfekt. Aber da ich den Geschmack von Mandelmus noch lieber mag, habe ich hier die Erdnussbutter kurzerhand durch Mandelmus ersetzt und finde die Taler so noch leckerer. Ein weiteres Plus ist, dass Mandeln reich an Vitamin E sind und weniger gesättigte Fette als Erdnüsse enthalten. Außerdem verwende ich in meinem Rezept Nährhefe. Dabei handelt es sich um inaktivierte getrocknete Hefe, die das Mandelmus aufpeppt. Ähnlich wie Bierhefe enthält die Nährhefe sämtliche B-Vitamine und besteht zur Hälfte aus Protein. Die Nährhefe können Sie natürlich auch weglassen, aber sie macht diese Taler geschmacklich noch einen Tick besser.

Das Kokosöl in einem Topf bei kleiner Hitze zerlassen. Kakaopulver, Agavendicksaft, Stevia, falls verwendet, und Vanillearoma unterrühren, bis eine glatte, flüssige Masse entstanden ist. Ein Drittel der Masse in die vorbereiteten Förmchen füllen und die Muffinform ca. 5 Minuten ins Gefrierfach geben, bis das Konfekt fest ist.

Inzwischen Mandelmus, Nährhefe und Salz, falls benötigt, in einer Schüssel glatt verrühren.

Die Muffinform aus dem Gefrierfach nehmen und je 1–2 TL Mandelmasse in die Mitte auf das Konfekt setzen und mit den Fingern leicht verstreichen. Die restliche Schokoladenmasse darübergießen. Die Muffinform wieder 10 Minuten ins Gefrierfach geben, bis die Taler fest sind.

Taler erst direkt vor dem Servieren aus dem Gefrierfach nehmen, damit sie schön fest und knackig bleiben. Im Gefrierfach oder Kühlschrank halten sie sich 3–4 Wochen – wenn Sie sie nicht vorher schon weggenascht sind!

Geeiste Banane

Dies ist eigentlich kein Rezept, sondern eher ein raffinierter Trick für Rohkostler, um Eiscreme herzustellen. Es ist so einfach, dass ich mich gefragt habe, wieso ich nicht schon früher draufgekommen bin. Sie brauchen nur einen leistungsstarken Mixer, der es auch mit gefrorenen Früchten aufnehmen und sie cremig pürieren kann.

Für das Grundrezept 2 große Bananen schälen und halbieren. In einen Gefrierbeutel geben und 3 Stunden tiefkühlen. Es ist wichtig, dass die Bananen ganz durchgefroren sind, sonst entsteht keine typische Eiscremetextur. Die gefrorenen Bananen mit den ausgewählten Aromen (siehe unten) glatt pürieren. Eine schöne Eiscremetextur entsteht, wenn die Masse zwar glatt, aber immer noch dicklich ist. Der Trick dabei ist das richtige Timing: Den Mixer anhalten, sobald keine Bananenstückchen mehr zu erkennen sind und nicht zu lang laufen lassen, sonst ist das Resultat eher ein Smoothie als eine geeiste Banane.

Variationen

Vanille oder Maca: 4 Tropfen Vanillearoma oder ½ TL Macapulver zufügen. Maca, eine süße karamellartige Zutat aus Peru, ist ein Wurzelgemüse aus der kleinen Gruppe der Adaptogene. Diese Pflanzen enthalten Wirkstoffe, die auf den Adrenalinspiegel wirken und auf natürliche Weise einen ausgeglichenen Hormonhaushalt unterstützen. Maca ist eine ideale natürliche Unterstützung für Menschen mit stressigem Berufsalltag sowie für Frauen mit PCO-Syndrom (Polyzystisches Ovarialsyndrom) und anderen Hormonschwankungen.

Schokolade: 1 gehäuften EL ungesüßtes Kakaopulver unterrühren.

Erdbeere: 4 klein geschnittene Erdbeeren, frisch oder gefroren, zufügen. Bei der Verwendung von TK-Ware bleibt die dickliche Textur besser erhalten.

Bananensplit: 1 Portion geeiste Bananen mit Erdbeergeschmack zubereiten und in Nocken zwischen 2 Bananenhälften setzen. Mit etwas Kokossahne (Seite 27) garnieren und einigen Beeren oder Schokoladenchips bestreuen. Mmm!

Andere Alternativen: 1 kleine Handvoll gefrorene Mango oder Blaubeeren oder 1 TL gemahlenen Zimt und/oder frisch geriebene Muskatnuss oder 1 Portion Espressopulver. Lassen Sie Ihrer Fantasie freien Lauf, und geben Sie nach Wunsch andere Zutaten in gefrorener oder Pulverform dazu.

Schon gewusst?

Obst und Früchte sollten idealerweise auf leeren Magen gegessen werden, sodass keine anderen Lebensmittel die schnelle Verwertung behindern. Essen Sie Ihre Obstportion entweder 3 Stunden nach einer Mahlzeit oder als Erstes am Morgen – das bedeutet auch, dass Sie sich völlig bedenkenlos eine geeiste Banane zum Frühstück gönnen können.

Geeiste Cookie-Kugeln

Ergibt 18–24 Stück

60 g Xylitol
75 g ungehärtete Sonnenblumenmargarine, zimmerwarm
ca. 120 g glutenfreies Allzweckmehl nach Wahl
1 1/2 TL Vanillearoma
175 g dunkle Schokoladenchips oder grob gehackte dunkle Schokolade
1/2 TL Salz

1 gefriergeeignetes Backblech oder 1 Teller, mit Frischhaltefolie ausgelegt

Als ich zwölf Jahre alt war, verbrachte ich mit meiner Familie drei Monate in den Staaten. Ich war eine richtige Naschkatze. Als ich dort Cookie-Teig entdeckte, lange Teigrollen, die es fertig zu kaufen gab und die man zu Plätzchen formen und backen konnte, futterte ich den Teig gleich direkt aus der Packung und verschlang jeden Abend vor dem Fernseher eine Packung davon zusammen mit Eiscreme. Das war alles andere als gesund, aber ich werde nie vergessen, wie wunderbar es schmeckte.

Vor ein paar Jahren habe ich meine erste Portion vegane Schokochip-Cookies zubereitet und dabei natürlich auch den Teig probiert. Und mit einem Mal kamen die Erinnerungen an meine Lieblingssüßigkeit aus den USA wieder. Ich rollte ein paar Teigkugeln, um sie ins Gefrierfach zu geben … kalt schmeckte mir der Teig noch besser. Seither bereite ich meine Cookie-Kugeln auf diese Weise zu – nur, dass ich mittlerweile das Backpulver aus dem Originalrezept weglasse, da die kleinen Süßen es ja eh nicht bis in den Ofen schaffen!

Das Xylitol in einem Handmixer bei hoher Geschwindigkeit mahlen, bis eine puderzuckerartige Konsistenz entsteht.

Die Margarine in eine große Schüssel geben und mit einer Gabel zerdrücken. Xylitol und Mehl zufügen und mit einem elektrischen Handrührer auf niedriger Stufe einarbeiten. (Pulverförmige Zutaten sollten erst langsam eingearbeitet werden, da sie sonst zu stark stauben!) Wenn die Masse schön glatt ist, Vanillearoma und Salz zufügen.

Zuletzt die Schokoladenchips unterziehen. Mundgerechte Stücke vom Teig abnehmen und zwischen den Handflächen zu Kugeln rollen. Auf das vorbereitete Blech setzen und mindestens 30 Minuten tiefkühlen. Dann in einen Gefrierbeutel umfüllen. Direkt aus dem Gefrierfach servieren.

Schoko-Karamellkugeln

Ergibt ca. 6 Stück

200 g Datteln, entsteint
1 EL Erdnusscreme ohne Stückchen (möglichst ungesüßt und ohne gehärtete Fette)
1 EL Kokosöl
250 g dunkle Schokolade oder ungesüßte Schokolade, grob gehackt (ich bevorzuge mit Rohzucker gesüßte Schokolade)
1 Prise Salz

1 gefriergeeignetes Backblech oder 1 Teller, mit Frischhaltefolie ausgelegt

Früher habe ich Karamell aus dem Supermarkt geliebt. Allerdings wird es aus Unmengen weißem Zucker mit Wasser zu einem klebrigen Sirup verkocht und dann mit Sahne oder Butter und einer dicken Portion Zusatz- und Konservierungsstoffen zusammengerührt… Aus diesen Grund bereite ich mit vitaminreichen Datteln und Erdnusscreme mein eigenes, gesundes Karamell zu.

Datteln in eine Schüssel mit lauwarmem Wasser geben und einige Stunden einweichen. In dieser Zeit saugen sich die Datteln mit Wasser voll, was die Karamellherstellung erleichtert.

Datteln abtropfen lassen und in einem Mixer glatt pürieren. Dabei immer wieder die Masse von der Gefäßwand nach unten schaben. Wenn die Datteln eine Paste bilden, die Erdnusscreme einarbeiten. Für eine bessere Textur das Öl zufügen und zur geschmacklichen Verbesserung das Salz. Weitermixen, bis die Masse sich als Kloß von der Gefäßwand löst. Mundgerechte Stücke von der Masse abnehmen und zwischen den Handflächen zu Kugeln formen. Auf das vorbereitete Backblech setzen und mindestens 30 Minuten tiefkühlen.

Inzwischen die Schokolade im Wasserbad schmelzen. Dabei sollte der Schüsselboden das Wasser nicht berühren.

Karamellkugeln aus dem Tiefkühlfach nehmen. Eine Kugel auf einen Löffel setzen und in die flüssige Schokolade tauchen, sodass sie vollständig überzogen wird. Wieder auf das Backblech setzen. Mit den anderen Kugeln ebenso verfahren. Kugeln mindestens 20 Minuten tiefkühlen, damit der Schokoladenüberzug aushärtet. Kugeln in einen Gefrierbeutel füllen.

Kugeln erst vor dem Servieren aus dem Tiefkühlfach nehmen. Im Tiefkühlfach halten sie sich bis zu 2 Wochen.

ZUM NASCHEN 107

Nanaimo-Riegel mit Nüssen und Gojibeeren

Ergibt ca. 16 Stück

Für den Boden
1 EL gemahlene Leinsamen
100 g ungehärtete Sonnenblumenmargarine
100 g Cornflakes (ungesüßt)
30 g ungesüßtes Kakaopulver
40 g Xylitol
75 g Kokosraspel

Für die Füllung
100 g ungehärtete Sonnenblumen-margarine
300 g Kokosblütenzucker oder anderes körniges Süßungsmittel (Kokosblütenzucker aber sorgt für das beste Karamellaroma!)
2 TL Xanthan
1 EL Pfeilwurzelmehl
1 EL Macapulver (sorgt für ein wunderbar karamellartiges Aroma) oder glutenfreies Allzweckmehl nach Wahl
1 große Handvoll Gojibeeren
1/2 TL Vanillearoma
2 EL Kirsch- oder Zitronensaft

Für die Glasur
175 g dunkle Schokoladenchips oder grob gehackte dunkle Schokolade
180 ml Mandelmilch
1 Handvoll Walnusskerne, gehackt

1 quadratische Backform (20 cm oder 23 cm Seitenlänge), mit Backpapier ausgelegt

Nanaimo-Riegel stammen ursprünglich aus der kanadischen Stadt Nanaimo und bestehen aus drei Lagen, wobei die mittlere bei der Originalversion eine Füllung aus Puddingcreme ist.

Ich verwende für meine Riegel vegane Ersatzprodukte und gebe noch Gojibeeren dazu, die der Creme ein authentisches Sahne-Karamell-Aroma verleihen. Für den Teigboden werden traditionell gemahlene Nüsse zugegeben, aber ich nehme stattdessen gemahlene Cornflakes und drücke Walnusskerne in die Schokoglasur, damit der Nussgeschmack erhalten bleibt.

Für den Boden
Leinsamen mit 3 EL Wasser in einer Schale mit einer Gabel verrühren, bis die Mischung die Konsistenz von verquirltem Ei annimmt. „Lein-Ei" in den Kühlschrank stellen.

Inzwischen die Margarine in einer hitzebeständigen Schüssel über einem Wasserbad schmelzen.

Cornflakes fein krümelig mahlen (die Masse sollte knusprig sein, aber keine größeren Stücke mehr enthalten). Kakaopulver und Xylitol in die flüssige Margarine rühren. Vom Wasserbad nehmen und Cornflakes, Kokosraspel und „Lein-Ei" einarbeiten. Die Masse in die vorbereitete Form drücken und mit einem Löffelrücken glatt streichen. Im Gefrierfach fest werden lassen.

Für die Füllung
Inzwischen Margarine und Kokosblütenzucker mit einem elektrischen Handrührer cremig rühren. Xanthan, Pfeilwurzelmehl und Macapulver einarbeiten, bis die Masse fester wird. Gojibeeren, Vanillearoma und Saft unterziehen.

Backform aus dem Tiefkühlfach nehmen und die Füllung gleichmäßig auf dem Boden verstreichen. Wieder ins Tiefkühlfach geben.

Für die Glasur
Schokolade und Mandelmilch in eine hitzebeständige Schüssel geben und über einem Wasserbad schmelzen und glatt rühren. Backform wieder aus dem Tiefkühlfach nehmen und die Schokoglasur darauf verteilen. Die Walnusskerne hineindrücken und nochmals 45 Minuten tiefkühlen, bis die Glasur fest ist. Zum Servieren in 5 cm große Quadrate schneiden. Gekühlt servieren.

Hinweis: Seien Sie nicht beunruhigt, wenn die Füllmasse leicht flockig aussieht. Das kann passieren, wenn man ungehärtete Fette verwendet.

Schokoknusperchen

Ergibt 24 Stück

100 g dunkle Schokolade, gehackt
60 ml Kokosöl oder ungehärtete Sonnenblumenmargarine
100 g Cornflakes (ungesüßt)
1/4 TL Salz

2 12er-Muffinformen, mit umweltfreundlichen Papierbackförmchen ausgelegt

Dies ist eines der beliebtesten, wenn nicht sogar DAS beliebteste Rezept, das ich bei Einladungen und zu Partys zubereite. Dieses knusprig-schokoladige Naschwerk ist so einfach und lecker – und kaum einer kann hier widerstehen. Die Schokoknusperchen verabreiche ich auch jedem, dem ich beweisen möchte, dass gesunde Ernährung und Süßes durchaus miteinander vereinbar sind. Mit anderen Worten: Schokoknusperchen sind meine wirkungsvollste Überzeugungshilfe.

Schokolade, Kokosöl und Salz in eine hitzebeständige Schüssel geben und über einem Wasserbad schmelzen und glatt rühren.

Cornflakes in die Schokolade geben und mit einem Holzlöffel sorgfältig unterziehen, wobei die Flakes ruhig zerbrechen dürfen. Gut esslöffelgroße Portionen in die vorbereiteten Backförmchen geben und leicht andrücken. Muffinformen 15 Minuten ins Gefrierfach geben.

Die Knusperchen erst unmittelbar vor dem Servieren aus dem Tiefkühlfach nehmen. Sie halten sich im Tiefkühlfach bis zu 2 Wochen.

Schon gewusst?
Bei einer Ernährungumstellung sind die ersten Schritte manchmal die schwierigsten. Sie ersetzen Ihre Frühstückszerealien durch Chiasamen, essen Salat und bunkern gesunde Zwischenmahlzeiten im Kühlschrank. Dieser engagierte Angang kann oft überfordern und direkt wieder zu den alten Gewohnheiten zurückführen. Auch wenn es verlockend ist, alles auf einmal radikal zu ändern, weil man auf ganzer Ebene von einer gesunden Lebensweise profitieren will, werden Sie vermutlich mehr Erfolg haben, wenn Sie tun, was ich auch meinen Klienten rate: Nehmen Sie sich lediglich drei Veränderungen vor, die Sie eine Woche konsequent durchhalten wollen. Dadurch haben Sie Erfolgserlebnisse und sind in der Lage, die Auswirkungen auf Ihren Körper genau zu registrieren. Und: Sie sind motiviert weiterzumachen!

Schokobananen am Stiel

Ergibt 8 Stück

4 große Bananen
225 ml Kokosöl
60 g ungesüßtes Kakaopulver
3 EL Agavendicksaft
1 EL Stevia oder Agavendicksaft

8 Holzspieße
1 gefriergeeignetes Backblech oder
 1 Teller, mit Frischhaltefolie ausgelegt

Jeden Freitag nach der Schule packte meine Mutter meine Schwester und mich ins Auto und fuhr mit uns zum Einkaufen. Im Supermarkt durften wir uns eine Süßigkeit aussuchen. Im Winter entschieden wir uns vorzugsweise für eine Tüte Bonbons, die dann eine Woche reichte, wenn wir die Portion rationierten und jeden Tag nur ein paar Bonbons naschten. Diese Strategie funktionierte, bis wir Eis am Stiel mit Schokoladenüberzug entdeckten. Das Eis war in 5 Minuten verputzt.

Meine gesunde Abwandlung von Eis am Stiel ist im Prinzip nichts weiter als ein aufgespießtes Stück Banane, das gefroren und dann mit Schokolade überzogen wird. Fast jeder, den ich kenne, mag Schokolade, Bananen und Nüsse. Diese Zutaten zusammen sind eine himmlische Kombination. Ich habe mir auch einige Variationen ausgedacht. Besonderen Spaß macht es, das Rezept mit oder für Kinder zuzubereiten. Achten Sie in diesem Fall aber darauf, dass die Holzspießchen keine spitzen Enden haben.

Bananen schälen und halbieren. Nach Belieben die Enden gerade abschneiden. Die Bananenstücke auf Holzspieße stecken und ca. 2 Stunden tiefkühlen. Praktischerweise sollten Sie immer einige gefrorene Bananenstücke auf Lager haben, die Sie zu Smoothies oder geeister Banane (Seite 102) verarbeiten oder in Scheiben geschnitten in einen Joghurt rühren können.

Kokosöl, Kakao und Agavendicksaft in einem Topf bei mittlerer Hitze zerlassen und glatt rühren. Topf vom Herd nehmen und das Stevia unterrühren.

Bananen aus dem Gefrierfach nehmen und in die Schokoladenmasse tauchen. Auf das vorbereitete Blech legen und ca. 5 Minuten tiefkühlen, bis der Überzug ausgehärtet ist.

Variationen
Mit Nuss: Die mit Schokolade überzogenen Bananen in fein gehackten Nüssen (z. B. Haselnüsse oder Mandeln) oder Kokosraspeln wenden.
Mit Füllung: Die noch nicht gefrorenen Bananenstücke längs halbieren und mit 1 EL Nussmus wieder zusammensetzen. Tiefkühlen und wie oben beschrieben überziehen.
Als Energieschub: Die noch nicht gefrorenen Bananenstücke längs halbieren und mit einem Esslöffel Nussmus wieder zusammensetzen. Tiefkühlen und in 5 cm große Stücke schneiden, dann mit Schokolade überziehen und in fein gehackten Nüssen wenden.

Gefüllte Törtchen ohne Backen

Ergibt 4 Stück

150 g Mandeln
150 g Datteln, entsteint
2 EL Kokosraspel oder Mandeln
2 TL Kokosöl
1 Prise Salz

**Für Minzschokoladenfüllung
(für 2 Törtchen)**
1 große Banane
60 ml Kokosöl
60 ml reiner Ahornsirup
40 g ungesüßtes Kakaopulver
6 frische Minzeblätter oder
  1/2 TL Minzaroma

**Für Limettenfüllung
(für 2 Törtchen)**
1/2 Banane
1 kleine Avocado
60 ml Kokosöl
2 1/2 EL reiner Ahornsirup
frisch gepresster Saft von 1 Limette

4 Tortelettförmchen

Mürbeteigtörtchen waren nie so mein Ding, bis ich mich in New York in einem veganen Restaurant in eine ungebackene Version verliebte. Bei diesen Törtchen wird häufig eine Mischung aus Nüssen und Trockenfrüchten als Teigersatz verwendet, die viel weicher ist als gebackener Mürbeteig – und das hat mich geschmacklich absolut überzeugt.

Das Tolle an den ungebackenen Desserttörtchen ist, dass man wesentlich flexibler bei der Zubereitung ist und verwenden kann, was man möchte, weil die Zutaten nicht wie beim Backen exakt abgestimmt und gemessen werden müssen.

Betrachten Sie dieses Rezept als eine Grundanleitung: Wenn Sie mehr Süßungsmittel zugeben oder das Minzearoma durch Orangenaroma ersetzen wollen – nur zu! Vielleicht erscheint Ihnen die Zubereitung kompliziert, aber lassen Sie sich nicht abschrecken. Im Grunde müssen Sie die Zutaten nur dreimal zusammenmischen und im Kühlschrank oder Tiefkühlfach kühlen.

Mandeln fein krümelig mahlen. Datteln, Kokosraspel, Kokosöl und Salz zufügen und zu einer glatten Masse verarbeiten. In 4 Portionen teilen und in die Tortelettförmchen drücken, sodass Boden und Rand ca. 1 cm dick sind. Übrig gebliebener Teig lässt sich zu mundgerechten Energiekugeln formen und als gesunder Snack im Tiefkühlfach aufbewahren.

Für die Füllungen sollte das Kokosöl flüssig sein. Falls nicht, in einem Topf bei kleiner Hitze zerlassen. Vollständig erkalten lassen, da die anderen Zutaten für die Füllung im heißen Öl garen würden.

Für beide Füllungen die jeweiligen Zutaten in einem Mixer glatt pürieren und je 2 Torteletts damit füllen. Mindestens 15 Minuten tiefkühlen.

Die Torteletts halten sich im Tiefkühlfach bis zu 2 Wochen. Es lohnt sich also, einige im Voraus zu machen. So haben Sie immer eine Option für den Nachmittagskaffee oder eine Einladung.

Zu Kaffee & Tee

Weizenmehl ade! Bedeutet das, auch Abschied vom Backen nehmen? Aber nein! Plätzchen und Kuchen bleiben Ihnen auch bei gesunder Ernährung nicht verwehrt – wenn Sie wissen, wie sich konventionelle Backzutaten durch gesündere Alternativen ersetzen lassen. So können Sie sich immer auf einen köstlichen Bananenkuchen freuen, auf ein zart schmelzendes Schokoladenfondant zum Nachtisch oder auf eine duftende Zimtschnecke zum zweiten Frühstück – und das in dem Wissen, dass Sie sich damit etwas Gutes tun. Die Rezepte in diesem Kapitel befriedigen Ihr Bedürfnis nach Selbstgebackenem, wie süßen Plätzchen und Kuchen – egal welchem Ernährungsplan Sie folgen.

Schokoladen-Cookies

Ergibt ca. 16 Stück

125 ml Mandelmilch
2 EL gemahlene Leinsamen
280 g Dinkelmehl
75 g ungesüßtes Kakaopulver
  (vorzugsweise rohes)
1 1/4 TL Backnatron
125 ml Sonnenblumenöl
190 g körniges Süßungsmittel
  nach Wahl
1 EL Vanillearoma
175 g dunkle Schokoladenchips

2 Backbleche, mit Alufolie ausgelegt

Seit einigen Jahren ernähre ich mich vegan. Schon länger hatte ich mit einer Ernährungsumstellung geliebäugelt, den Plan aber immer wieder verworfen. Schließlich beschloss ich, mir eine Probezeit von einem Monat einzuräumen. Das schien ein überschaubarer Zeitrahmen zu sein. Ich war neugierig zu erfahren, ob ich mich tatsächlich besser fühlen würde. Spontaner Effekt war, dass ich auf Anhieb durchschlafen konnte und meine Verdauung gut funktionierte. Ich beschloss also, weiterzumachen, aber ohne Verpflichtung. Ich darf jederzeit aufhören, sagte ich mir. Damals stellte ein befreundeter Koch, dem ich von meinem veganen Experiment und meinen Gelüsten nach Süßem erzählt hatte, für mich dieses Rezept zusammen. Ohne diese unvergleichlich guten Cookies wäre das Buch nicht vollständig. Gut möglich, dass auch mein veganes Projekt damals ohne dieses Rezepts gescheitert wäre, weil ich mich irgendwann auf konventionelle Cookies gestürzt hätte, um meine Lust auf Süßes zu stillen.

Den Backofen auf 180 °C vorheizen.

Mandelmilch und gemahlene Leinsamen in einer Schüssel verrühren und einige Minuten quellen lassen.

Mehl, Kakao und Backnatron in eine zweite, große Schüssel sieben. Sonnenblumenöl, Süßungsmittel und Vanillearoma ca. 5 Minuten unter die Mandelmilchmischung rühren, bis die Masse weiter eingedickt ist. Dann zu den Trockenzutaten gießen und einarbeiten. Da der Teig im Vergleich zu normalem Plätzchenteig dünnflüssig aussieht, 10–15 Minuten ruhen lassen, damit er weiter quellen kann. Danach die Schokoladenchips unterrühren.

Vom Teig golfballgroße Teigstücke abnehmen und zwischen den Handflächen zu Kugeln formen, dann flach drücken und auf die vorbereiteten Backbleche legen. (Die Cookies gehen beim Backen stark auf, daher viel Platz zwischen den Teigstücken lassen!)

Cookies ca. 7 Minuten backen und auf dem Blech etwas abkühlen lassen. Erst dann auf ein Kuchengitter heben und vollständig erkalten lassen. Innen sind sie noch weich und klebrig – so wie für mich ein perfekter Cookie sein sollte. Sie halten sich in einem luftdichten Behälter bis zu 4 Tage.

Schoko-Kokos-Herzen

Ergibt ca. 15 Stück

130 g glutenfreies Allzweckmehl nach Wahl
1 TL Backpulver
1/2 TL Backnatron
60 g Kokosraspel
60 ml Kokosöl
100 ml Agavendicksaft
1 TL Vanillearoma
80 g dunkle Schokoladenchips
1/2 TL Salz

1 Backblech, mit Alufolie ausgelegt
1 Ausstecher in Herzform (nach Belieben)

Diese Plätzchen habe ich meinem Liebsten irgendwann zum Valentinstag gebacken, weil wir beide Kokos so gern mögen. Ich wollte eine Nascherei mit Kokosgeschmack und Schokolade kreieren, denn unser Valentinstag sollte nach Kokos schmecken.

Seitdem habe ich diese Plätzchen häufiger als jedes andere Gebäck zubereitet. Sie schmecken immer – an jedem Tag des Jahres!

Den Backofen auf 180 °C vorheizen.

Mehl, Backpulver und Backnatron in eine große Schüssel sieben, damit das Treibmittel gleichmäßig im Teig verteilt ist, bevor er in den Ofen kommt. Kokosraspel und Salz untermischen.

Falls das Kokosöl nicht flüssig ist, in einem Topf bei kleiner Hitze zerlassen und vollständig erkalten lassen. Heißes Öl würde die anderen Zutaten schon vorher backen. Exakt 60 ml abmessen, weil es in festem Zustand etwas mehr oder weniger als die Ausgangsmenge sein kann.

Kokosöl, Agavendicksaft und Vanillearoma verrühren. Da Öl und Dicksaft sich nicht so einfach mischen lassen, ordentlich rühren, damit die Mischung möglichst homogen ist.

Die Mischung zu den Trockenzutaten gießen und mit einem Holzlöffel unterrühren, dann die Schokoladenchips einarbeiten. Den Teig zu einer Kugel formen. Gut esslöffelgroße Portionen abnehmen und zu Kugeln formen. Für runde Plätzchen die Kugeln mit der Hand abflachen, für Herzformen die Teigkugel in die Ausstechform drücken. (Nicht wundern: Der Teig ist recht ölig, das ist ganz normal!) Plätzchen auf das vorbereitete Blech setzen und im vorgeheizten Ofen 10–12 Minuten backen, bis sie leicht gebräunt sind.

Plätzchen mit einem Pfannenwender auf ein Kuchengitter heben und vor dem Servieren mindestens 5 Minuten abkühlen lassen. Sie halten sich in einem luftdichten Behälter bis zu 3 Tage.

Feigenrollen

Ergibt 35–40 Stück

Für den Teig
100 g Hafer oder Hafermehl
160 g Mandelmehl
1 TL Backpulver
60 ml Kokosöl
120 ml Agavendicksaft
60 ml ungesüßtes Apfelmus
2 TL Vanillearoma
1/2 TL Salz

Für die Feigenfüllung
150 g getrocknete Feigen, Stielansatz entfernt
3 EL frisch gepresster Zitronensaft
1 EL Agavendicksaft
1/4 TL gemahlener Ingwer

1 Backblech, mit Backpapier ausgelegt

Als Kind mochte ich aus der Backwarenabteilung nur Süßes mit Erdbeeraroma – und Teigrollen mit Feigenfüllung, die man bei uns unter dem Namen Fig Newtons kannte. Sie waren einer alten ägyptischen Spezialität nachempfunden und in der typischen abgeflachten Form im Handel.

Auch wenn das Rezept für meine Feigenrollen lang und etwas kompliziert aussieht, so ist es doch kinderleicht. Wenn Sie noch wenig Backerfahrung haben, ist dies ein gutes Einsteigerrezept.

Den Backofen auf 180 °C vorheizen.

Für den Teig
Falls das ganze Korn verwendet wird, Hafer vorher in einer Getreidemühle zu feinem Mehl mahlen. Hafermehl, Mandelmehl, Backpulver und Salz in einer Schüssel mischen.

Kokosöl, Agavendicksaft, Apfelmus und Vanillearoma in einer zweiten Schüssel glatt rühren. Die Trockenzutaten darübersieben und sorgfältig einarbeiten. Den Teig zu einer Kugel formen, in Frischhaltefolie einschlagen und mindestens 1 Stunde im Kühlschrank ruhen lassen.

Für die Feigenfüllung
Feigen, Zitronensaft Agavendicksaft und gemahlenen Ingwer in einer Küchenmaschine zu einer Paste pürieren. Falls die Masse zu fest wird, nach und nach 1 EL Wasser einarbeiten.

Den Teig in 4 Portionen teilen. Zwischen zwei Bogen Backpapier mit einem Teigroller zu 25 x 10 cm großen Rechtecken ausrollen. Je ein Viertel der Feigenfüllung entlang einer Längsseite verstreichen. Dabei einen kleinen Rand lassen. Die Teigrechtecke längs zusammenklappen und die Kante mit den Fingern andrücken.

Feigenrollen auf das vorbereitete Backblech legen und im vorgeheizten Ofen 12–14 Minuten backen, bis die Ränder leicht bräunen. Vollständig erkalten lassen, dann in dicke Scheiben schneiden.

Die Feigenrollen halten sich in einem luftdichten Behälter bis zu 5 Tage.

Husarenkrapferl mit Erdnusscreme

Ergibt ca. 12 Stück

125 g glutenfreies Allzweckmehl nach Wahl
1/4 TL Backnatron
1 TL Backpulver
50 g körniges Süßungsmittel nach Wahl
60 ml reiner Ahornsirup
1 TL Vanillearoma
5 EL Erdnusscreme
1 1/2 EL Kokosöl
3–4 gehäufte EL zuckerfreie Erdbeerkonfitüre
1/4 TL Salz

1 Backblech, mit Backpapier ausgelegt

Sind Sie ein Fan von „süß und salzig"? Dann ist dieses Rezept das richtige für Sie. Entstanden ist es als Notlösung. Ursprünglich wollte ich ganz einfache Vanilleplätzchen backen. Weil ich aber keine Margarine zu Hause hatte, griff ich kurzerhand zu Nussbutter und fand die Plätzchen mit einer leicht salzigen Note ausgesprochen lecker. Aber irgendwas fehlte noch. Die Lösung war ein Klacks Erdbeerkonfitüre, denn damit kann man nichts falsch machen, denn fast jeder mag Erdbeeraroma.

Diese Plätzchen sind eine coole vegane Version der klassischen Husarenkrapferl und Spitzbuben, die sich selbst auf dem erlesensten Plätzchenteller behaupten kann (bereiten Sie genügend Krapferl zu, damit Sie am nächsten Tag noch einen Snack haben).

Den Backofen auf 180 °C vorheizen.

Mehl, Backnatron, Backpulver und Salz in eine Schüssel sieben. Das Süßungsmittel sorgfältig untermischen.

Ahornsirup, Vanillearoma, Erdnusscreme und Kokosöl in eine zweite Schüssel geben und rühren, bis sich die Erdnusscreme in der Flüssigkeit aufgelöst hat. Die Erdnussmischung zu den Trockenzutaten gießen und einarbeiten, bis ein glatter Teig entstanden ist. Den Teig aber nicht überarbeiten.

Kleine Teigstücke abnehmen und zu Kugeln formen. Zwischen den Handflächen leicht flach drücken und auf das vorbereitete Backblech setzen. Mit einem Löffelrücken eine kleine Mulde in die Plätzchenmitte drücken. Krapferl im vorgeheizten Ofen 10 Minuten backen.

Das Backblech aus dem Ofen nehmen und je einen Klacks Erdbeerkonfitüre in die Mulden geben (die Krapferl nicht überfüllen, da die Konfitüre beim Backen noch aufgeht). Das Blech wieder in den Ofen schieben und die Plätzchen weitere 5 Minuten backen.

Husarenkrapferl vor dem Servieren vollständig erkalten lassen. Sie halten sich in einem luftdichten Behälter bis zu 3 Tage.

Bananenkuchen

Ergibt ca. 14 Stücke

3 TL gemahlene Chiasamen (Samen bereits gemahlen kaufen oder ganze Samen in einer Kaffee-/Gewürzmühle mahlen)
2 sehr reife Bananen
270 g vegane Margarine oder Kokosöl zzgl. 1 EL
340 g glutenfreies Allzweckmehl nach Wahl
3 1/3 TL Backpulver
225 g Xylitol
1 TL Vanillearoma
1 TL Salz

1 Springform mit Rohrboden, eingefettet, oder 1 Kranzform (24 cm Durchmesser; das Loch in der Mitte sollte ca. 10 cm groß sein)

Wenn ich an Gerichte denke, die in meiner Erinnerung eine wichtige Rolle spielen, kommt mir als Erstes der Bananenkuchen meiner Großmutter in den Sinn. Als Kind verging keine Woche, in der ich ihn nicht gegessen habe. Wir sahen unsere Oma fast täglich nach der Schule. Sie stand meist in der Küche und kochte leckeres indisches Essen. Als Kinder interessierte uns das nicht weiter, – nur ihr superweicher Bananenkuchen zog uns magisch an – wie übrigens jeden, der den Kuchen einmal probiert hatte. Es gab Zeiten, als Leute meine Oma förmlich bestürmten, ihnen einen solchen Kuchen zu backen – von unseren Schulfreunden bis hin zum Klempner, der im Badezimmer herumwerkelte.

Als ich mich entschloss, ohne Milchprodukte und Eier zu leben, war der Bananenkuchen das erste Backwerk, das ich als gesunde Version ausprobierte – und er ist mir gelungen! Falls nicht, hätte mein Abenteuer gesundes Backen nicht länger gedauert als dieses eine Experiment. Natürlich ist mein gesünderer Bananenkuchen nicht so gut wie der meiner Oma, weil sie wie alle guten Bäckerinnen einfach den Dreh raushatte.

Den Backofen auf 160 °C vorheizen.

Die gemahlenen Chiasamen mit 3 EL Wasser in eine Schale geben und mit einer Gabel verrühren, bis die Mischung die Konsistenz von verquirltem Ei hat. Tatsächlich übernimmt dieses „Chia-Ei" in veganen Backrezepten die Funktion von Eiern. In den Kühlschrank stellen.

Inzwischen die Bananen mit einer Gabel zerdrücken und beiseitestellen. Margarine oder Kokosöl in einem Topf sehr sanft erhitzen, bis sie ganz weich ist. Mehl, Backpulver, Salz und Xylitol in eine große Schüssel sieben. Vanillearoma, „Chia-Ei" und Margarine oder Kokosöl zufügen und sorgfältig unterrühren. Die Bananen locker unterziehen.

Teig in die vorbereitete Form füllen und im vorgeheizten Ofen 40 Minuten backen. Die Ofentemperatur auf 55 °C reduzieren und weitere 20 Minuten backen. Kuchen aus dem Ofen nehmen und vollständig in der Form erkalten lassen. Er hält sich in einem luftdichten Behälter bis zu 3 Tage.

Becherkuchen

Ergibt 1 Portion

1 EL gemahlene Leinsamen
3 EL glutenfreies Allzweckmehl
1 EL ungesüßtes Kakaopulver
1 EL Xylitol oder Stevia
1/4 TL Backpulver
2 EL Mandelmilch
1 TL Nussmus nach Wahl
1 1/2 EL dunkle Schokoladenchips
1 Prise Salz (nach Belieben)

1 Keramikbecher oder 1 große Ramequinform (ofenfest oder mikrowellengeeignet, je nach Zubereitungsart)

Manchmal hat man ja richtig Lust, sich nach einem anstrengenden Arbeitstag etwas schön Schokoladiges zu gönnen, aber weder Zeit noch Energie, einkaufen zu gehen.

Dieses Rezept ist für eine Person berechnet, das heißt, es bleiben keine Reste, die einen in Versuchung bringen, mehr zu essen, als es die gesunde Ernährungsabsicht gebietet. Außerdem sind die Zutaten schnell zusammengerührt und man muss hinterher nicht viel abspülen.

Im Allgemeinen bin ich kein Mikrowellenfan. Aber bei diesem Rezept ist es praktisch, wenn man eine hat. Falls nicht, tut's der Backofen genauso, man muss nur ein bisschen länger warten.

Die Leinsamen mit 3 EL Wasser in eine Schale geben und mit einer Gabel verrühren, bis die Mischung die Konsistenz von verquirltem Ei hat. Tatsächlich übernimmt dieses „Lein-Ei" in veganen Backrezepten die Funktion von Eiern. In den Kühlschrank stellen.

Falls der Teig im Backofen zubereitet wird, diesen auf 180 °C vorheizen.

Mehl, Kakaopulver, Xylitol oder Stevia, Backpulver und Salz, falls verwendet, in einem Keramikbecher oder einer Ramequinform mischen. „Lein-Ei", Mandelmilch und Nussmus zufügen und einarbeiten. Schokoladenchips entweder unter den Teig ziehen oder auf dem Teig verteilen, sodass sie, wenn sie geschmolzen sind, in den Teig sickern.

Teig entweder in der Mikrowelle bei hoher Wattzahl ca. 1 Minute oder im Ofen 5–6 Minuten backen. Innen sollte der Teig noch leicht flüssig sein. So schmeckt er am allerbesten.

Schon gewusst?
Bei vielen Menschen lösen sich alle gesunden Ernährungsabsichten abends in Schall und Rauch auf: Bis zum Abend essen sie wie die Heiligen, langen dann aber kräftig zu und gönnen sich obendrauf noch ein Dessert. Klar, dass man sich dann geschlagen fühlt und ein schlechtes Gewissen hat. Vielleicht ist es besser, diese unberechenbaren Attacken einfach schon in den Ernährungsplan mit einzukalkulieren, sprich – wenn Sie Verlangen nach einer kleinen süßen Nachspeise haben, sollte es sich nicht wie ein Scheitern anfühlen. So sind Sie zudem frei, die Süßigkeit auch richtig zu genießen.

Hafer-Rosinen-Cookies

Ergibt ca. 15 Stück

1 EL gemahlene Leinsamen
100 g braunes Reismehl oder Quinoamehl
1 1/2 TL Backpulver
1/2 TL gemahlener Zimt
1/2 TL Salz
120 g Haferflocken (ich bevorzuge Großblatt)
60 ml Kokosöl
60 ml Ahornsirup
1/2 TL Vanillearoma
100 g Rosinen

1 Backblech, mit Backpapier ausgelegt

Haferflocken und Rosinen gelten allgemein ja als gesund, doch sind die konventionellen Versionen der beliebten Haferplätzchen in der Regel meilenweit davon entfernt, weil sie viel zu viel Fett und Zucker enthalten.

Diese gesunde Ausführung der Plätzchen ist dagegen so ausgewogen, dass Sie schon zum Frühstück ohne Reue ein paar Hafer-Rosinen-Cookies genießen können.

Den Backofen auf 180 °C vorheizen.

Leinsamen mit 70 ml kaltem Wasser in eine Schale geben und mit einer Gabel verrühren, bis die Mischung die Konsistenz von verquirltem Ei hat. Tatsächlich übernimmt dieses „Lein-Ei" in veganen Backrezepten die Funktion von Eiern. Die Mischung bis zum Gebrauch in den Kühlschrank stellen.

Mehl, Backpulver, Zimt und Salz in eine große Schüssel sieben. Die Haferflocken untermischen.

Das Kokosöl in einem kleinen Topf bei niedriger Hitze schmelzen, dann abkühlen lassen. Ahornsirup und Vanillearoma unterrühren. Das „Lein-Ei" aus dem Kühlschrank nehmen und einrühren. Diese Mischung zu den Trockenzutaten gießen und verrühren. Die Rosinen zugeben und alles rasch zu einem Teig verarbeiten.

Esslöffelgroße Teigportionen auf das vorbereitete Backblech setzen und mit einem Löffelrücken leicht flach drücken. Plätzchen im vorgeheizten Ofen 10–12 Minuten backen.

Die Cookies 10 Minuten auf dem Backblech abkühlen lassen, damit sie fest werden. Dann auf einem Kuchengitter vollständig erkalten lassen. Die Cookies halten sich in einem luftdichten Behälter bis zu 4 Tage.

Ofenschlupfer mit gegrillten Pfirsichen

Ergibt 6 Portionen

4 reife Pfirsiche
6 Scheiben glutenfreies Brot
2–3 EL Kokosöl oder ungehärtete Sonnenblumenmargarine
1 große Handvoll Sultaninen oder Korinthen (oder beides gemischt)
500 ml Kokosmilch (in diesem Fall nicht durch andere Pflanzenmilch ersetzen, weil die dickere Kokosmilch am besten als Sahneersatz funktioniert)
3 EL Xylitol (oder Stevia)
1 1/2 EL Maisstärke
1 TL gemahlener Zimt

6 Ramequinförmchen

Als ich in Indien lebte, gab es da ein englisches Café, in das ich regelmäßig am Nachmittag auf eine Tasse Tee ging. Dort wurde ein leckerer Bread and Butter Pudding aus Croissantteig serviert. Ich aß ihn, sooft ich im Café war, möchte mir aber im Nachhinein nicht vorstellen, wie viel Butter und Sahne drin waren. Nun, zu dieser Zeit kümmerte mich das noch recht wenig, weshalb ich mich freudig auf den Pudding stürzte.

Meine gesunde Version enthält Pfirsiche, die wunderbar dazu passen. Traditionell werden Ofenschlupfer in großen, flachen Auflaufformen zubereitet. Ich mag diese Süßspeise lieber in kleineren Portionsförmchen. So kann man bessser direkt aus der Form essen und muss den Ofenschlupfer nicht anschneiden und auf einen Teller hieven, was ja meist mit Kleckerei verbunden ist. Außerdem lässt sich die Portionsmenge leichter halbieren.

Den Backofengrill vorheizen.

Pfirsiche entsteinen und das Fruchtfleisch würfeln. In eine Auflaufform geben und ca. 3 Minuten grillen, bis sie zu karamellisieren beginnen.

Pfirsiche aus dem Ofen nehmen und diesen auf 180 °C vorheizen.

Brotscheiben toasten, dann von beiden Seiten mit Kokosöl oder Margarine bestreichen und in ca. 2 cm große Würfel schneiden. Brotwürfel mit Pfirsichen und Rosinen mischen und gleichmäßig auf die Förmchen verteilen.

Kokosmilch und Süßungsmittel in einem Topf bei mittlerer Hitze erwärmen. Die Stärke einstreuen und rühren, bis die Masse eindickt. Topf vom Herd nehmen und lauwarm abkühlen lassen. Zimt unterrühren und die Kokosmilch in die Förmchen gießen.

Ofenschlupfer im vorgeheizten Ofen 25–30 Minuten backen, bis sie fest sind. Sie werden am besten direkt aus dem Ofen serviert, können aber auch am nächsten Tag ca. 5 Minuten im Ofen aufgewärmt werden.

Zimtschnecken

Ergibt ca. 8 Stück

Für den Teig
2 1/4 TL Trockenbackhefe (exakt abmessen, da sich bei Rezepten mit Hefe schon die kleinste Abweichung auswirkt)
125 ml Agavendicksaft oder reiner Ahornsirup
360 g glutenfreies Allzweckmehl zzgl. Mehl zum Bestäuben
1 EL gemahlener Zimt
1 EL Backpulver
1/2 TL Xanthan
175 ml Kokosöl
1 TL Vanillearoma
2 EL Apfelessig
1 TL Salz

Für die Füllung
130 g Mandeln
1 TL gemahlener Zimt
75 g Kokosblütenzucker (oder anderes körniges Süßungsmittel nach Wahl; Kokosblütenzucker gibt den Schnecken ein wunderbar karamellartiges Aroma)
3 gehäufte EL ungehärtete Sonnenblumenmargarine

Für die Glasur
100 g Xylitol
2–3 EL Mandelmilch

1 Back- oder Auflaufform (24 cm Durchmesser)

Dieses Hefegebäck wird bestimmt Ihr neuer Liebling für den Nachmittagskaffee, für einen langen, gemütlichen Sonntagsbrunch oder für kuschelige Winterwochenenden.

Für den Teig
Den Backofen auf 200 °C vorheizen.

Die Hefe mit 250 ml lauwarmem Wasser, Agavendicksaft oder Ahornsirup in einer Schale verrühren und einige Minuten quellen lassen, bis der Hefeansatz Bläschen wirft. Mehl, Zimt, Backpulver, Xanthan und Salz in eine große Schüssel geben und mit einem Schneebesen sorgfältig vermischen. Kokosöl, Vanillearoma und Essig in den Hefeansatz rühren. Hefeansatz zu den Trockenzutaten geben und mit einem Holzlöffel einarbeiten (Achtung: Der Teig wird recht klebrig, aber das ist normal!). Teig mit Frischhaltefolie und einem feuchten Tuch abdecken und an einem warmen Ort 1 Stunde gehen lassen. Nach der Gehzeit sollte er auf Fingerdruck elastisch nachgeben. Falls nicht, Teig noch etwas länger gehen lassen.

Teig großzügig mit Mehl bestäuben und zu einer Kugel formen. Ist der Teig sehr elastisch, so viel Mehl wie nötig einarbeiten. Teig 15 Minuten tiefkühlen.

Für die Füllung
Mandeln mit Zimt und Kokosblütenzucker krümelig mahlen.

Eine Arbeitsfläche mit Mehl bestäuben. Den Teig kräftig durchkneten und nach Bedarf Arbeitsfläche und Teig immer wieder mit Mehl bestäuben. Dann den Teig mit einem Teigroller zu einem Rechteck (ca. 40 x 25 cm) ausrollen. Die Margarine darauf verstreichen und mit der Mandelmischung bestreuen.

Teig von einer Längsseite her fest aufrollen (da er im Ofen noch aufgeht). Die Teigrolle mit Mehl bestäuben, falls sie an der Arbeitsfläche klebt. Wenn der Teig fast aufgerollt ist, die Kante nach oben schlagen. So lässt sie sich leichter schneiden. Die Rolle mit einem scharfen Messer in ca. 10 cm dicke Scheiben schneiden. Scheiben mit einer Schnittseite nach unten so in die vorbereitete Form legen, dass immer ein kleiner Abstand dazwischen bleibt. Im vorgeheizten Ofen 22–25 Minuten backen.

Für die Glasur
Xylitol zu einem feinen Pulver mahlen, in eine Schale füllen und mit 1 EL Mandelmilch glatt rühren. Falls die Mischung nicht die gewünschte Konsistenz hat, noch etwas Milch einarbeiten. Zimtschnecken aus dem Ofen nehmen und 5 Minuten abkühlen lassen, dann mit der Glasur beträufeln. Die Zimtschnecken halten sich in einem luftdichten Behälter bis zu 4 Tage.

Apfel-Zimt-Kranz

Ergibt ca. 14 Stück

250 g glutenfreies Allzweckmehl nach Wahl
3 1/2 TL Backpulver
1 TL gemahlener Zimt
475 ml ungesüßtes Apfelmus
125 ml Agavendicksaft oder reiner Ahornsirup
80 ml Reismilch
75 g Sultaninen oder Korinthen oder eine Mischung von beiden
1/2 TL Salz

1 Kranzform (24 cm Durchmesser; das Loch in der Mitte sollte ca. 10 cm groß sein), 1 Springform mit Rohrboden (24 cm Durchmesser) oder 1 quadratische Backform (20 cm Seitenlänge)

Wenn Sie noch nicht so viel Erfahrung beim Backen mit gesunden Zutaten haben, ist dieses Rezept ein prima Einstieg, denn es ist kinderleicht, und man kann fast nichts falsch machen.
   Die Idee für diesen Kuchen mit den typisch herbstlichen Aromen hatte ich an einem der ersten gemütlichen Samstage im Oktober, als das Laub von den Bäumen fiel und ich zum ersten Mal den Kamin wieder anzündete. Zugegeben, die Kombination aus Apfel und Zimt ist nicht besonders originell und ich bin auch kein großer Apfelfan. Aber diese beiden Aromen sind im Zusammenspiel unschlagbar...

Den Backofen auf 180 °C vorheizen.

Mehl und Backpulver in eine Schüssel sieben. Zimt und Salz untermischen. Eine Vertiefung in die Mitte drücken.

In einer zweiten Schüssel Apfelmus, Agavendicksaft oder Ahornsirup und Reismilch verrühren. Die Mischung in drei Portionen in die Vertiefung gießen und vorzugsweise mit einem Teigschaber oder Holzlöffel jeweils kurz in die Trockenzutaten einarbeiten, sodass ein noch relativ grober Teig entsteht (den Teig also nicht zu lange rühren!). Die Rosinen gleichmäßig unterziehen.

Teig in die vorbereitete Form füllen (da der Teig sehr feucht ist, muss die Form nicht eingefettet werden) und auf mittlerer Schiene im vorgeheizten Ofen 40 Minuten backen, bis ein in die Mitte gestochener Holzspieß sauber wieder herauskommt. Falls der Kuchen zu schnell bräunt, die Oberfläche mit Alufolie abdecken.

Kuchen vor dem Anschneiden mindestens 10 Minuten abkühlen lassen. Er hält sich in einem luftdichten Behälter bis zu 3 Tage.

Mini-Ofenkrapfen mit Zimtzucker

Ergibt 24 Stücke

Für die Krapfen
160 g glutenfreies Allzweckmehl
1/2 TL Xanthan
60 g Xylitol
1 1/2 TL Backpulver
1 TL Backnatron
1 TL gemahlener Zimt
125 ml Mandel- oder Reismilch
2 EL Apfelessig
1 1/2 EL Sonnenblumenöl
5 EL ungesüßtes Apfelmus
1 TL Vanillearoma
1/2 TL Salz

Für den Zimtzucker
60 ml ungehärtete Sonnenblumenmargarine
2 TL gemahlener Zimt
5 EL Xylitol oder Stevia

1–2 Mini-Muffinformen (für jeweils 24 Muffins), mit Kokosöl oder Sonnenblumenmargarine eingefettet
Gefrierbeutel oder Spritzbeutel mit Lochtülle

Selbst dem besten Bäcker flößt ein guter Krapfen Respekt ein. Ein Krapfen – darüber dürfte Einigkeit herrschen – muss luftig, saftig und weich sein. Wenn man aber ohne Eier bäckt, die den Teig schön locker machen, muss man sich mit Backpulver, Backnatron und Xanthan behelfen, damit der Teig aufgeht, wie er soll, und eine schöne Textur erhält.

Mit den entsprechenden Ersatzzutaten gehören Krapfen zu den einfachen und übrigens auch fix zubereiteten Backwaren. Besonders Kindern macht das Backen Spaß. Damit der Spaß noch größer wird, können Sie geschmolzene Schokolade, Liebesperlen und Streusel, Kokosraspel & Co. als Deko bereithalten.

Für die Krapfen
Den Backofen auf 180 °C vorheizen.

Mehl, Xanthan, Xylitol, Backpulver, Backnatron, Zimt und Salz in eine große Schüssel geben und mit einem Schneebesen mischen.

Pflanzenmilch und Essig in einer Schale verrühren (nach ein paar Minuten entsteht so eine Art Buttermilch). Dann Sonnenblumenöl, Apfelmus und Vanillearoma unterrühren. Mischung zu den Trockenzutaten gießen (es sollten ein paar Blasen entstehen, die den Teig schön locker werden lassen). Mit dem Schneebesen langsam zu einem Teig verarbeiten.

Teig mit einem Löffel in einen Gefrier- oder Spritzbeutel füllen. Die Luft herausdrücken und den Beutel zudrehen. Von dem Gefrierbeutel eine Ecke abschneiden, sodass ein ca. 1 cm großes Loch entsteht. Den Teig in die vorbereitete(n) Form(en) spritzen und im vorgeheizten Ofen 5 Minuten backen. Dabei nicht unbeaufsichtigt lassen, denn die Krapfen werden sehr schnell dunkel.

Für den Zimtzucker
Margarine zerlassen und in einen tiefen Teller geben. Zimt und Xylitol oder Stevia in einem zweiten tiefen Teller mischen.

Die Krapfen aus der Form lösen und von einer Seite in die Margarine tauchen, dann sofort in den Zimtzucker drücken. Sofort servieren. Diese Krapfen schmecken am besten direkt aus dem Ofen. In einem luftdichten Behälter halten sie ca. 2 Tage.

Verführerische Schokoladenfondants

Ergibt 10–12 Stück

1 Dose (400 g) schwarze Bohnen
40 g glutenfreies Mehl (ich bevorzuge Buchweizen oder Quinoa)
4 EL ungesüßtes Kakaopulver
1/2 TL Backpulver
90 ml reiner Ahornsirup oder Agavendicksaft
2 EL Xylitol oder anderes körniges Süßungsmittel (Stevia ist hier allerdings nicht zu empfehlen!)
50 ml Kokosöl
2 TL Vanillearoma
2 TL abgeriebene Orangenschale oder Orangenöl (oder Kaffeearoma, Pfefferminzöl oder ein anderes Aroma nach Wahl)
130 g dunkle Schokoladenchips oder fein gehackte dunkle Schokolade
1/4 TL Salz

10–12 Ramequinförmchen

Ich lese gern Blogs über gesundes Essen. Sie halten mich über die neuesten Produkte auf dem Laufenden, motivieren mich, gesund und fit zu bleiben, und liefern mir neue Rezeptideen. Von Schwarze-Bohnen-Brownies hatte ich schon in mehreren Blogs gelesen, mit dem Ausprobieren aber immer gezögert, nicht zuletzt deswegen, weil mir Bohnen in süßem Teig, ehrlich gesagt, ein bisschen suspekt waren. Schließlich siegte meine Neugier, und ich gab den Bohnen-Brownies eine Chance.

Da Bohnen aber mehlig und feucht sind, schien es mir einleuchtend, sie eher für ein Fondant und nicht für Brownies zu verwenden. Als ich die Fondants zum ersten Mal zubereitete, putzte meine Schwester gleich fast die ganze Portion weg... ich hatte also wohl alles richtig gemacht!

Den Backofen auf 180 °C vorheizen.

Bohnen abtropfen lassen und in einer Küchenmaschine glatt pürieren. Einige Schokoladenchips beiseitelegen. Die restlichen Chips mit allen anderen Zutaten zu den Bohnen geben und nochmals mixen, bis eine glatte Masse entstanden ist und die Chips nicht mehr sichtbar sind.

Den Teig zu zwei Dritteln in die Ramequinförmchen füllen (die Förmchen müssen vorher nicht eingefettet werden) und mit den zurückbehaltenen Schokoladenchips bestreuen.

Im vorgeheizten Ofen ca. 15 Minuten backen. Vor dem Servieren 5 Minuten abkühlen lassen. Die Fondants sollten innen noch sehr weich sein. Am besten schmecken sie frisch aus dem Ofen, aber auch noch 5–6 Stunden später zimmerwarm. Im Kühlschrank halten sie sich 2–3 Tage und können nach Bedarf im Backofen in ca. 5 Minuten aufgewärmt werden.

Register

Agavendicksaft 14, 16, 24, 44, 52, 56, 66, 70, 101, 112, 121, 122, 134, 137, 141
Ahornsirup 14, 16, 20, 23, 29, 44, 47, 51, 52, 77, 125, 130, 134, 137, 141, 145
Allergene 7, 8, 14
Allzweckmehl, glutenfreies 17, 30, 56, 105, 121, 125, 126, 129, 130, 134, 137
Ananas: Ananas-Blutorangen-Frostie 33
    Grünes Gemüseeis 36
Apfel-Haferbrei mit Kokossahne 27
Apfel-Zimt-Kranz 137
Apfelessig 14, 20, 51, 62, 74, 134, 138
Apfelmus 15, 20, 27, 122, 130, 137, 138
    Apfel-Haferbrei mit Kokossahne 27
    Apfel-Zimt-Kranz 137
    Feigenrollen 123
    Mini-Ofenkrapfen mit Zimtzucker 138
Aprikosen, getrocknete 11, 42
Auberginen: Auberginen- und Zucchiniröllchen 90
    Gesundes Babaganoush 93
Avocado 84
    Cremiges Orangeneis 36
    Gefüllte Törtchen ohne Backen 115
    Leichte Guacamole 84
    Mango-Avocado-Rollen mit Limettendip 80
Avocadoöl 15

Babaganoush, gesundes 93
Backnatron 14, 16, 17, 20, 118, 121, 125, 130, 138
Bananen: Bananenkuchen 126
    Cremiges Orangeneis 36
    Frühstückssalat 29
    Geeiste Banane 102
    Gefüllte Törtchen ohne Backen 115
    Protein-Pfannkuchen 30
    Schokobananen am Stiel 112
Becherkuchen 12, 129
Beeren, gemischt: Popcorn-Parfait 24
    Protein-Pfannkuchen 30
Birnenmus 15
Blaubeeren 33
Blumenkohl: Blumenkohl kreolisch 77
Bohnen, grüne 66
Bohnen, schwarze: Dip aus schwarzen Bohnen 83
    Verführerische Schokoladenfondants 141
Bohnen, weiße 83
Bohnen-Dip, Weißer-, mit Knoblauch 83
Bohnensprossen 97
Bombay-Knabbermischung 73
Buchweizen: Powerriegel für unterwegs 39
    Power-Knuspermüsli 23

Calzium 10, 11, 44, 47, 89
Cashewnusskerne: Bombay-Knabbermischung 73
    Gebrannte Nüsse im NYC-Style 70
Chia-Shots 44
Chiaflammeri 47
Chiaöl 15
Chiasamen 15, 23, 44, 47, 51, 52, 111, 126
    Bananenkuchen 126
    Chia-Shots 44
    Chiaflammeri 47
    Power-Knuspermüsli 23
    Steinzeitkekse 52
Cookie-Kugeln, geeiste 105
Cornflakes: Bombay-Knabbermischung 73
    Nanaimo-Riegel mit Nüssen und Gojibeeren 108
    Schokoknusperchen 111

Datteln: Energiekugeln mit Kokos und Spirulina 40
    Gefüllte Törtchen ohne Backen 115
    Schoko-Karamellkugeln 107
Dip aus schwarzen Bohnen 83

Edamame-Miso-Dip 89
Eier 11
Energiekugeln mit Kokos und Spirulina 40
Erbsen 84
Erdnussbutter: Husarenkrapferl mit Erdnusscreme 125
    Mangoldrollen mit Erdnusssauce 87
    Schoko-Karamellkugeln 107
Erdnusskerne: Bombay-Knabbermischung 73
    Gebrannte Nüsse im NYC-Style 70

Erfrischungen, frostige 36
Expeditionshäppchen 42

Feigenrollen 12, 122
Frucht-Frosties 33
Fruchtzucker 17, 42
Frühlingszwiebeln 94
Frühstückssalat 29

Gebrannte Nüsse im NYC-Style 70
Gefüllte Törtchen ohne Backen 12, 115
Gemüseeis, grünes 36
Getreide 10
Gluten 10, 14
Granatapfel 94
Grund- und Ersatzzutaten 14, 15
Grüne Bohnen im Sesammantel 66
Grünkohl 65
Guacamole, leichte 84
Gurken: Grünes Gemüseeis 36
    Quinoa Maki 96

Haferflocken: Apfel-Haferbrei mit Kokossahne 27
    Feigenrollen 122
    Hafer-Rosinen-Cookies 130
Hanf-Mandel-Mus, wärmendes, mit Zimt und Macawurzel 51
Hanföl 15, 51
Hanfsaat 15
    Auberginen- und Zucchiniröllchen 90
    Expeditionshäppchen 42
    Frühstückssalat 29
    Mini-Muffins mit Hanfsamen, Orange und Kardamom 20
    Wärmendes Hanf-Mandel-Mus 51
Haselnusskerne: Gebrannte Nüsse im NYC-Style 70
    Schokobananen am Stiel 112
Honig 16, 52, 56
Hummus aus Zucchini 89
Husarenkrapferl mit Erdnusscreme 125

Intoleranzen 8

Jalapeño-Zwiebelringe 74
Joghurt, milchfrei 24

Karotten: Mangoldrollen mit Erdnusssauce 87
    Quinoa Maki 96
    Salatschiffchen mit süßer Chilisauce 94
Karottensaft 47
Ketchup, gesunder 74
Kichererbsen 59
Kichererbsenmehl 17
Kinosnacks, neu aufgelegt 69
Kohl 87
    Pikante Masala-Grünkohlchips 65
Kokosblütenzucker 14, 17, 99, 108, 134
Kokoschips 73
Kokosjoghurt, vegan 24
Kokosmilch: Apfel-Haferbrei mit Kokossahne 27
    Cremiges Orangeneis 36
    Ofenschlupfer mit gegrillten Pfirsichen 133

Kokosöl 15, 23, 30, 39, 40, 42, 48, 51, 69, 70, 101, 107, 111, 112, 115, 121, 122, 125, 126, 130, 133, 134, 138, 141
Kokosraspel: Chiaflammeri 47
   Energiekugeln mit Kokos und Spirulina 40
   Frühstückssalat 29
   Gefüllte Törtchen ohne Backen 115
   Nanaimo-Riegel mit Nüssen und Gojibeeren 108
   Schoko-Kokos-Herzen 121
   Steinzeitkekse 52
Kokossahne 27
Korinthen siehe Rosinen
Kürbiskerne: Bombay-Knabbermischung 73
   Kürbiskernmus mit Ahornsirup und Zitrone 51
   Popcorn-Parfait 24
   Power-Knuspermüsli 23
Kürbispüree 39

Leinöl 15, 51
Leinsamen 15, 48, 51, 52, 59, 61, 66, 74, 76, 108, 118, 129, 130
   Grüne Bohnen im Sesammantel 66
   Jalapeño-Zwiebelringe 74
   Mandel-Leinsamen-Cracker 61
   Nanaimo-Riegel mit Nüssen und Gojibeeren 108
   Panierte Zucchini 76
   Schokoladen-Mandel-Konfekt 48
   Schokoladen-Cookies 118
   Torteletts mit Kichererbsenmus 59
   Würziges Sesammus 51
Limetten: Bombay-Knabbermischung 73
   Chia-Shots 44
   Feigenrollen 122
   Hummus aus Zucchini 89
   Leichte Guacamole 84
   Torteletts mit Kichererbsenmus 59
   Weißer-Bohnen-Dip mit Knoblauch 83
   Würziges Mandelpesto 84
Löffelmaß 16

Mandel-Leinsamen-Cracker 12, 61
Mandelmehl 17, 70, 122
Mandelmilch: Becherkuchen 129
   Chiaflammeri 47
   Nanaimo-Riegel mit Nüssen und Gojibeeren 108
   Panierte Zucchini 76
   Schokoladen-Cookies 118
   Steinzeitkekse 52
Mandelmus: Mandelmus, einfaches 51
   Mandelmustaler 101
   Powerriegel für unterwegs 39
   Schokoladen-Mandel-Konfekt 49
Mandeln: Expeditionshäppchen 42
   Feigenrollen 122
   Gebrannte Nüsse im NYC-Style 70
   Gefüllte Törtchen ohne Backen 115
   Mandel-Leinsamen-Cracker 61
   Power-Knuspermüsli 23
   Schokobananen am Stiel 112
   Torteletts mit Kichererbsenmus 59
   Wärmendes Hanf-Mandel-Mus mit Zimt und Macawurzel 51
   Würziges Mandelpesto 84
   Zimtschnecken 134

Mandelpesto, würziges 84
Mango-Avocado-Rollen mit Limettendip 12, 80
Mangoldrollen mit Erdnusssauce 87
Mangos: Bombay-Knabbermischung 73
   Mango-Avocado-Rollen mit Limettendip 80
   Mango-Blaubeer-Frostie 33
Masala-Grünkohlchips, pikante 65
Masala-Popcorn 69
Milchprodukte 10, 11
Mini-Muffins mit Hanfsamen, Orange und Kardamom 20
Mini-Ofenkrapfen mit Zimtzucker 138

Nanaimo-Riegel mit Nüssen und Gojibeeren 17, 108
Nektarinen 62
Nuss- und Saatenmus 50
Nüsse, gebrannte, im NYC-Style 70

Ofenschlupfer mit gegrillten Pfirsichen 133
Ofentemperatur 16
Ofentortillas mit Nektarinen-Tomaten-Salsa 62
Onlinebestellung 4, 12
Orangen: Ananas-Blutorangen-Frostie 33
   Cremiges Orangeneis 36
   Frühstückssalat 29
   Mini-Muffins mit Hanfsamen, Orange und Kardamom 20
   Verführerische Schokoladenfondants 141
Osteoporose (Knochenschwund) 11

Palmzucker 17
Panierte Zucchini 12, 76
Papaya-Limetten-Frostie 33
Paprika 84
Pekannüsse 52
Pfeilwurzelmehl 16
Pfirsiche 12
Pflanzenmilch 14, 16, 23, 30, 133, 138
Pinienkerne 90
Popcorn: Masala-Popcorn 69
   Popcorn-Parfait 24, 25
   Popcorn-Variationen 69
   Power-Knuspermüsli 12, 14, 23
Powerriegel für unterwegs 39
Protein-Pfannkuchen 30

Quinoa: Hafer-Rosinen-Cookies 130
   Panierte Zucchini 76
   Power-Knuspermüsli 23
   Quinoa Maki 97

Reismehl 130
Reissirup 16
Rosinen 130, 133, 137,
Rosmarin-Brotstangen 56

Salat: Frühstückssalat 29
   Salatschiffchen mit süßer Chilisauce 94
   Schokobananen am Stiel 112
Schoko-Kokos-Herzen 12, 121
Schokoknusperchen 111
Schokolade, dunkle 15, 30, 102, 105, 108, 118, 121, 129, 141
   Becherkuchen 129
   Geeiste Cookie-Kugeln 105

Nanaimo-Riegel mit Nüssen und Gojibeeren 108
Protein-Pfannkuchen 30
Schoko-Karamellkugeln 107
Schoko-Kokos-Herzen 121
Schokobananen am Stiel 112
Schokoknusperchen 111
Schokoladen-Cookies 12, 118
Schokoladen-Mandel-Konfekt 48
Verführerische Schokoladenfondants 141
Schokoladenfondants, verführerische 141
Sesamsaat: Grüne Bohnen im Sesammantel 66
   Quinoa Maki 97
   Würziges Sesammus 51
Smoothies 14, 36, 112
Sojanüsse 70
Spalterbsen, gelbe 73
Spinat 84
Sprossen: Mango-Avocado-Rollen mit Limettendip 80
   Quinoa Maki 97
Steinzeitkekse 52
Stevia 15, 17, 24, 27, 30, 36, 39, 44, 51, 52, 69, 70, 94, 101, 112, 129, 133, 138, 141
Sultaninen: Apfel-Zimt-Kranz 137
   Ofenschlupfer mit gegrillten Pfirsichen 133
Sushi 97
Süßungsmittel 14

Tipps und Tricks 16, 17
Tomaten: Auberginen- und Zucchiniröllchen 90
   Blumenkohl kreolisch 77
   Dip aus schwarzen Bohnen 83
   Gesunder Ketchup 74
   Leichte Guacamole 84
   Ofentortillas mit Nektarinen-Tomaten-Salsa 62
Törtchen, gefüllt, ohne Backen 115
Torteletts mit Kichererbsenmus 59
Trockenzutaten rühren 17

Walnusskerne: Apfel-Haferbrei mit Kokossahne 27
   Nanaimo-Riegel mit Nüssen und Gojibeeren 108
   Weißer-Bohnen-Dip mit Knoblauch 83
   Würziges Mandelpesto 84
   Würziges Sesammus 51

Xanthan 14, 17

Zimtschnecken 134
Zitrone 44, 51, 59, 83, 84, 89, 108, 122
   Kürbiskernmus mit Ahornsirup und Zitrone 51
Zitronenbrause 69
Zucchini: Auberginen- und Zucchiniröllchen 90
Zucker 11
Zwiebeln: Dip aus schwarzen Bohnen 83
   Jalapeño-Zwiebelringe 74
   Leichte Guacamole 84
   Mandel-Leinsamen-Cracker 61
   Ofentortillas mit Nektarinen-Tomaten-Salsa 62

Danksagung

Nachdem ich viele Jahre eine begeisterte Kochbuchleserin war, durfte ich nun die andere Seite kennenlernen und erfahren, was für eine Gemeinschaftsleistung die Entstehung eines Kochbuchs ist. Auch wenn es nominell nur einen Autor geben mag, sind doch zahlreiche andere kreative Leute daran beteiligt, eine Idee in die Tat umzusetzen. Dank an Julia, Lucy, Clare, Céline, Leslie, Lauren und alle anderen Beteiligten bei Ryland Peters & Small, die ihre erstaunlichen Talente eingebracht haben. Ich habe so viel von ihnen gelernt. Jeder Tag der Zusammenarbeit war Bereicherung und Freude für mich.

Mein besonderer Dank geht an Cindy, die fest daran geglaubt hat, dass ich ein Kochbuch schreiben kann, bevor ich selbst davon wusste, und die das Wunder wahr werden ließ.

Bedanken möchte ich mich ebenfalls bei Tamara Mellon, die mir ein leuchtendes Vorbild war, wie viel eine Frau erreichen kann, ohne sich untreu zu werden oder sich für andere zu verbiegen. Worte können nicht beschreiben, wie dankbar ich ihr bin. Alles, was ich darüber weiß, eine Frau mit Unternehmergeist zu sein, erfuhr ich in den Jahren unter ihren Fittichen. Ich hoffe, ich werde wie sie, wenn ich mal erwachsen bin.

Dank auch an Char Pilcher und Jane Hamilton, verwandte Seelen, die ich immer schätzen und unterstützen werde. Ohne euer geduldiges Ohr hätte ich es nicht geschafft.

Dank an Calgary Avansino, die mich von Tag eins an unterstützt hat. Du bist meine gute Fee, und ich bin sehr froh, dass ich dich kennengelernt habe.

Dank an Sarah Stacey, Alex Steinherr, Kayla Jacobs, Eve Kalinik und alle anderen tollen Mädels von Upcakes und ihre wunderbare Unterstützung.

Dank an Sanj, Raj und die ganze Dephna Group sowie an Kara Rosen und ihr super Team.

Dank an Maui, Josie, Edwin und Agnes für eure Unterstützung bei diesem Buch und bei meinem alltäglichen Business.

Dank an James Rae für die stets anregenden Gespräche und für deine Magie, die du scheinbar mühelos ausstrahlst, wohin du auch gehst.

Dank an alle, die ich meine Freunde und (Wahl-)Familie nennen darf.

Dank an PJ, dass du immer meine Nummer eins bist und mich so unterstützt, wie du es tust.

Dank an David und Freddie – Ihr seid das beste Beispiel für Engagement und harte Arbeit, das man sich nur vorstellen kann.

Dank an Amelia, Sarah und Cleo für eure ständige Inspiration.

Dank an Beebs, die mich immer zum Lachen bringt und meine Sicht der Dinge teilt. Nur dich um mich zu haben ist schon eine Freude.

Dank an Sofia: Das Leben wäre ohne dich nicht dasselbe. Nichts ist offiziell, bevor wir es nicht besprochen haben.

Papa, zu wissen, dass ich einen Seelenverwandten habe, gibt mir Sicherheit, ich selbst zu sein. Danke für deine Geduld, Offenheit, Selbstlosigkeit und deinen Langmut. Mama, danke dass du mir alles von dir und noch mehr gegeben hast. Danke, dass du all das Gute bist, das ich nicht bin. Ich werde unsere Bande noch oft zu schätzen wissen.